_____님께

_____드림

리더를 위한 세상의 지식

1. 인물, 문화, 예술편

개정판 1쇄 발행 2023년 2월 10일

지은이 이형기
펴낸이 장길수
펴낸곳 지식과감성#
출판등록 제2012-000081호

교정 서은영
디자인 이현
편집 이현
검수 김지원, 윤혜성
마케팅 정연우

주소 서울시 금천구 벚꽃로298 대륭포스트타워6차 1212호
전화 070-4651-3730~4
팩스 070-4325-7006
이메일 ksbookup@naver.com
홈페이지 www.knsbookup.com

ISBN 979-11-392-0903-7(03030)
값 13,000원

• 이 책의 판권은 지은이에게 있습니다.
• 이 책 내용의 전부 또는 일부를 재사용하려면 반드시 지은이의 서면 동의를 받아야 합니다.
• 잘못된 책은 구입하신 곳에서 바꾸어 드립니다.

지식과감성#
홈페이지 바로가기

The knowledge of the world for leaders

개정판

리더를 위한
세상의 지식

1
인물, 문화,
예술편

PROLOGUE

―――――― 프롤로그 ――――――

　미국 건국의 아버지 '벤저민 프랭클린'은 '인생의 가장 큰 비극은 우리는 너무 일찍 늙고 너무 늦게 현명해진다는 것'이라고 말했다. 저자 역시 공감을 한다. 젊은이들이 인생에 대해 어느 정도 알고 인생길을 가야 하나, 실제는 그렇지 않기에 너무 안타깝다. 우리는 인성교육, 인생교육뿐만 아니라 지식교육마저 부족한 상태에서 인생길을 떠나고 있기 때문이다.

　그러다가 나이 들어 세계사를 다시 읽고 싶을 때가 있어도 엄두를 못내고 포기하는 경우가 많다. 역사뿐이랴. 종교, 경제, 위대한 문학, 예술에 관한 지식도 다시 한 번 정리해 보았으면 하지만 마음과 달리 쉽지 않다. 그러나 리더의 위치에 벌써 와 있거나, 혹은 그러기 위해 앞으로의 삶이라도 가득 채우고자 더 늦기 전에 폭넓은 지식을 갖추고 싶어진다.

　시간에 쫓기는 현대인들에게 이런 욕망을 어느 정도라도 해결할 수 있도록 과거, 현재, 미래 세상사의 중요 부분들을 한 권의 책으로 압축할 수는 없을까? 담대해도 너무 허황할 정도의 담대함을 부리는 것으로 생각되어 포기할까도 했다. 그럼에도 그 욕망의 일부분이라도 채워 줄 지식을 발췌해 보고자 감히 작업을 시작했다.

　세계를 제패한 로마제국과 몽골의 흥망성쇠 원인은? 유럽이 오랫동안 문명이 앞섰던 아시아를 추월할 수 있었던 동기는? 인류를 위해 큰 공적을 쌓은 에디슨, 벨, 록펠러의 회사들은 지금 어떤 기업으로 발전했나? 세상은 누가 움직이고 있었던가? 위대한 선각자들은 순간의 세월을 어떻게 살아야 한다고 했던가? 650여 개의 해답을 정리하면서 반성되어야 할 부분과 독자에게 감동을 줄 수 있는 부분들을 좀 더 돋보이게 하면서 정리해 보았다. 시원한 해답을 주지 못할지라도 당신의 궁금증을 상당 부분 해소할 수 있다면 엮은이는 보람을 느낄 것이다. 어쩌면 당신이 할애할 수 있는 시간에 맞추어 읽기에는 적절할 수도 있기 때문이다.

일부 자료는 삼사십 년 전부터 메모해 모아 놓은 것을 공개하면서 힘차게 원고작성에 매진해 보았다. 자료가 일부 거칠게 다듬어진 부분이 있을지라도 사회를 이끌어 가는 리더 분들께 도움이 되었으면 한다.
중간 중간 밑줄을 그어 놓은 것은 중요도에 맞추어 그어 놓은 것이 아니라 독자가 기억하였으면 하는 것을 표시해 놓은 것으로 해석해 주기 바란다.

리더분들께 부탁하고 싶은 것은 미국 건국의 아버지 벤저민 프랭클린, 일본경제 발전의 초석 시부사와 에이치, 현대 경영학의 아버지 피터 드러커에서 리더의 자질과 역할을, 민주주의의 요람 아테네의 교훈에서 리더의 중요성을 새겨주기 바란다.

끝으로 이 책의 원천이 된 훌륭한 많은 저서의 저자 분들, 대중 매체, 이 책의 출간을 도와준 모든 분들께 깊은 고마움을 느끼면서, 이 책을 읽는 모든 리더께 "국가와 사회, 타인을 먼저 배려한 사람들이 역사에서 빛을 발하고 있다."고 말하고 싶다.

연희동 우거에서
엮은이 **이 형 기**

CONTENTS

──── 차례 ────

01 알렉산더 대왕(BC356-BC323) 8
02 한니발(BC247-BC183)과 포에니 전쟁(2,300년 전의 세계대전) 10
03 구약성서의 요약 17
04 예수 그리스도(BC7-AD26년경) 22
05 무함마드(AD570년경-632년, 62세) 27
06 칭기즈 칸(1162?-1227, 65세, 제위 1206-1227) 29
07 콜럼버스(1451-1506) 34
08 나폴레옹(1769-1821, 52세) 41
09 레콘키스타와 1492년 44
10 비스마르크(1815-1898, 83세) 49
11 유럽이 중국을 앞지른 이유 51
12 록펠러(1839-1937, 98세) 54
13 카네기(1835-1919, 84세) 56
14 듀폰의 나일론 개발 61
15 일본 근대화의 기수들 62
16 덩샤오핑(등소평 1904-1997, 92세) 65
17 미하일 고르바초프(1931-2022) 68
18 최고의 작가들 73
19 모나리자 91

20 파블로 피카소(Pablo Picasso 1881-1973, 91세) 93
21 '시민케인'(영화) 97
22 메디치 가문 106
23 유대인 108
24 로스차일드 113
25 제이 피 모건 115
26 일본의 충 118
27 일본개혁의 3주역 121
28 비행기를 만든 보잉 123
29 장학량(1898-2001) 126
30 마쓰시타 정경숙 127
31 유명 기업인 128
32 성학십도 135
33 현대 한국의 지성들 136
34 가려 뽑은 암송시 140
35 간추린 건배사 152

색인 154

01
알렉산더 대왕(BC356-BC323)

아리스토텔레스를 스승으로 하여 도덕, 정치, 역사, 의학 등 모든 학문을 배움. 테베를 함락시키고 코린트 동맹군을 이끄는 총사령관이 되어 델피의 아폴로 신전에 신탁을 받으러 갔으나 도착한 날은 불길한 날이어서 신관은 문을 닫고 불러도 나오지 않자 강제로 끌어내어 신전으로 데리고 감. 신관은 어처구니가 없어 "당신은 절대로 지지 않을 사람이군요."라고 하자 이 말을 듣고 알렉산더는 "이제 신탁은 필요 없다. 그 말이 내가 바라던 신탁이로다!"라고 외침. BC334년에 보병 3만, 기병 5천 명으로 편성된 원정군은 식량과 군자금이 부족한 상태에서 그는 자기의 거의 전 재산을 전쟁비용으로 내놓으면서 "나는 희망만 가지면 된다."라고 하고 출전하여 페르시아 다리우스의 10-20만 대군을 격파함. 기병에 갑옷과 투구를 입히고 긴 창으로 돌격(타국들은 기병은 활을 쏘는 보조 부대)하는 전술을 씀. 다리우스가 급하게 도주하느라 남긴 가족들, 다리우스의 모후, 왕비, 왕녀들이 모두 포로가 되었으나 알렉산더 대왕은 이들을 친절하게 대해주면서 왕족으로 누리던 생활을 계속 누리게 함.

BC327년에는 인더스 강까지 진군함. BC323 열병으로 갑자기 사망함. 그리스문화와 오리엔트문화를 융합한 헬레니즘문화(약 300년간)를 이룩함. 알렉산드리아 약 70개 건설, 사후 3개의 왕국으로 갈라짐. 알렉산드리아 도서관의 장서 70만 권 이상(헬레니즘문화의 산실), 유대인들은 12지파에서 각각 현자 6명씩을 뽑아 알렉산드리아로 데려와 구약 성경 '70인역'을 번역함.

* **고르디우스의 매듭(Gordian knot)**

프리지아의 수도 고르디움을 세운 고르디우스의 전차에는 끝을 찾을 수 없는 매듭을 부착해 놓고 고르디우스는 '매듭을 푸는 자가 아시아의 지배자가 될 것'을 예언함. BC333년 알렉산더 대왕이 고르디움에서 이 전차를 보고 칼로 매듭을 끊어 버림.

* **헬레니즘시대**

기원전330-30, 약 300년 동안, 마지막 왕국 이집트가 로마에 무너질 때까지, 그리스의 영향력이 절정에 다다른 시기, 당시 유럽과 아시아의 다른 두 개 문화를 융합한 시기, 보다 인간적인 세계를 추구함.

디오게네스로부터 '햇볕을 가리지 마시오'라는 말을 듣고 있는 알렉산더 대왕

02
한니발(BC247-BC183)과
포에니 전쟁(2,300년 전의 세계대전)

한니발은 2차 포에니 전쟁(BC218-BC201) 때 로마와 대항한 카르타고 (기원전 8세기에 페니키아인들이 건설)의 명장. '포에니'는 페니키아를 가리킴. 카르타고는 지중해 세계의 초강대국이었음. 카르타고의 장군 하밀카르 바르카의 아들로 1차 포에니 전쟁(BC264-241, 23년간 치루면서 카르타고는 큰 섬들인 시칠리아 섬, 사르디아와 코르시카를 잃고 거액의 배상금을 로마에 지불)에서 아버지가 전사한 후 생애 동안 로마 공화정에 대한 끊임없는 투쟁으로 일관함. 한니발은 8만의 병력으로 피레네 산맥을 넘어 갈리아(남프랑스)를 점령하고 다시 알프스를 넘어 이탈리아 북부로 침입. 4만으로 줄어든 한니발 군에 대하여 75만의 병력을 가진 로마는 큰 걱정을 하지 않았으나 한니발은 기병대와 보병대로 밀어 붙이는 전법으로 연전연승을 거둠. BC216년 칸나의 전투에서는 로마군 8만 명 중 5만 명을 살육하고, 한니발의 피해는 보병 5천, 기병 200(전군을 초승달 형으로 퍼지게 하여 양쪽 끝에 배치된 정예 부대로 하여금 적을 둘러싸고 공격)이 었으며 1916년 솜 전투 이전까지 서양에서 하루에 가장 많은 인원이 전사한 전투로 남음. 그는 전투의 여러 요소를 결합하여 통상적인 전투력보다 몇 배나 되는 힘을 끌어내는 천재였으며 리더십도 뛰어났음. 적지에서 17년간이나 머물면서 대부분 용병인 한니발군은 전선을 이탈하거나 난동을 부리는 일이 없었음. '병사들과 함께 먹고 함께 자며, 자신의 이익은 손

톱만큼도 생각하지 않고 오직 적을 무찌를 생각에만 골몰해 있는' 한니발의 마음에서 우러나는 존경심이 없었다면 불가능했으리라는 추측임.

그러나 군사전략에는 뛰어났지만 정치 전략에는 실패하였으며 근본적으로 '훌륭한 조국'을 갖지 못했음(본국에 원군을 요청하자 정치인들은 한니발의 공을 시기하면서 이듬해가 되어 기병 4천, 코끼리 40마리를 보낼 뿐이었고 로마는 군대를 새롭게 편성함). 한니발은 연승을 거두면서도 좀처럼 로마시내로 진격하려 하지 않았음. 설상가상으로 부족한 병력을 보충하기 위해 에스파니아에서 동생 하스드루발은 피레네 산을 넘고 론느 강을 건너 거기서 겨울을 지내고 알프스를 넘음. 그는 롬바르디아 평야로 가서 전술을 의논하기 위해 사신을 형한테 보냈으나 사신이 도중에 로마군에게 붙잡혀 작전계획이 쓰여있는 밀서를 강탈당하자 로마군은 한발 앞서 하스드루발을 공격하고 하스드루발은 상처투성이가 되어 장렬히 전사함. 카르타고군은 이태리 반도 안에서 돌면서 17년을 보냄. 소수 병력의 한계를 잘 알고 있던 한니발이 로마군을 직접 전멸시키기보다 로마연합에 소속되어 있는 동맹도시들이 로마에 반기를 들기를 꾀했다는 추측이 가장 유력함. 한편 로마 연합은 견고했고 두서너 개의 도시를 제외하고는 한니발에게 끝까지 항전함. 로마군 총사령관 파비우스 막시무스가 유명한 '지연전략'을 펼치고 한니발과의 정면승부를 피하고 수비가 약한 곳만 골라 공략하는 식으로 싸워 한니발군을 지치게 하였음. 이처럼 한니발은 처음 몇 차례의 대승 이후로 로마 전체 병력을 좀처럼 줄이지 못한 채 시간만 허비함. 이러는 사이 한니발을 본받은 로마의 젊은 장군 스키피오가 등장 하여 한니발의 본거지인 이베리아를 정복하고 북아프리카로 건너가려는 계획이었으나 하스드루발이 전사하자 계획을 바꿔 카르타고 본국을 공략했음. 카르타고의 조국은 스키피오의 조국에 비해 나약하고 비겁한 대응을 했음. '우리는 이번 전쟁과 무관하고 모든 책임은 한니발 개인에게 있다며 거액의 배상금을 매년 바치는 한편 한니발을 본국으로 소환한다.'는 것이었음. BC203년 한니발은 쓰라린 가슴을 부여잡고 이탈리아를 떠나 카르타고로 향하는 배에 오름. 귀국한 한니발을 앞에 두고 카르타고의 집권자들은 표변하여 로마에 적대적인 입장을 나타냄. 한니발은 은밀히 병력을 모으며 로마와의 재대결을 준비함. 로마 원로원은 스키피오에게 카르타고를 쓸어버리라고 명령함. BC202년 북아프리카의 자마에서 45세의 한니발과 33세의 스키피오는 세기의 결전을 벌임. 한니발은 약 5만의 병력을 동원하여 수적으로는 스키피오에게 다소 앞섰으나 한니발의 전술에 필수요소였던 누미디아 기병대가 이번에는 로마군 편에 서있었음. 한니발은 코끼리 부대가 그 공백을 메워주기를 기대했으나 로마군의 화살과 투창세례에 놀란 코끼리는 뒤로 돌아서 카르타고군을 짓밟자 전투는 로마의 승리로 돌아갔고 카르타고의 희망이 꺼짐. 한니발은 모든 책임을 묻는 정치인들을 피해 망명하여 티레, 시리아, 비티니아를 떠돌며 복수의 방법을 모색하던 중 BC183년 비티니아 왕이 로마군에게 그를 넘겨주기로 결정했음을 듣고 그는 독약을 마시면서 "아, 카르타고여 나를 용서해 다오"라고 소리쳤다고 함. 그 후 카르타고의 부활을 두려워한 로마는 누미디아를 부추겨 카르타고가 전쟁을 하도록 유도하고 로마는 카르타고가 로마의 동의 없이 전쟁을 수행하였다는 구실로 제3차 포에니전쟁(BC149-BC146)을 일으킴. 그리고 한니발이 죽고 37년 뒤 BC146년 카르타고는 멸망함. 로마군은 도성안의 모든 남자를 학살하고, 모든 여자와 아이를 노예(전쟁 전

50만에서 5만 명 만 남음)로 잡아가고 나무와 풀까지 불사르고 소금을 대량으로 뿌려 다시는 풀 한 포기 자라지 못하게 불모지로 만들었음. 성안의 불은 카르타고가 완전 폐허가 될 때까지 17일간이나 타오름.

"장군, 장군 생각에 역사상 최고의 명장은 누구일까요?", "말할 것도 없이, 알렉산더 대왕을 능가할 사람은 없소.", "그렇군요. 그러면 두 번째는요?", "에페이로스의 피로스요.", "…음. 그럼 세 번째는?", "바로 나, 한니발이오.", "하하, 그러나 장군은 제게 지지 않았습니까?" 언제쯤 자기 이름이 나오나 하고 조바심 내던 스키피오는 조국 카르타고를 떠나 시리아에 망명하고 있던 한니발에게 어이없다는 듯 물었다. "그러게 말이오. 하지만 내가 그때 당신한테 지지 않았다면, 나는 알렉산더와 피로스를 뛰어넘어 사상 최고의 명장이 되었을 거요."

* '피로스의 승리'

고대 그리스 국가였던 에페이로스의 왕 피로스는 알렉산더 이후 최고의 전술, 전략가로 회자됨. 이탈리아반도와 시칠리 섬에 대규모 원정을 감행해 그로 인해 발생한 피로스 전쟁에서 로마군을 상대로 승리를 여러 번 거두었음. 전투 자체로는 헤라클레이 전투에서는 피로스군은 3만 5천 명 중 4천 명을 잃고 로마군은 7천 명의 전사, 7천 명의 포로가 되었으며, 아스쿨룸 전투에서는 피로스군의 피해는 3천 명이었으나 로마군은 8천 명이었음. 그러나 그리스 도시국가들의 지원이 부족했고 다른 곳의 전력 손실로 물러나게 됨. 엄청난 피해와 비용을 감수해야 함으로써 패전이나 다름없는 의미 없는 승리였음.

* **'파비우스의 승리'**

'파비우스의 승리'는 상처뿐인 승리를 뜻하는 '피로스의 승리'와는 대비되는 피해 없이 승리한 것을 말함. 기원전 3세기 한니발이 이끄는 카르타고 군에 의해 로마군은 계속 패배를 하였음. 트레비아 전투에서 지휘자를 잃은 로마는 파비우스 막시무스에게 군사의 지위를 위임하자 파비우스는 한니발이 이끄는 카르타고 군사와 직접 상대하면 피해가 클 것으로 판단하고 결국 지연작전을 통해 전쟁을 승리로 이끌었음. 병사를 하나도 잃지 않고 거둔 승리였음.

* **진나라의 흥망**

진나라(BC221-BC206)는 전국 6국을 정복하고 만리장성, 화폐, 도량형 통일, 전술, 운송체계를 개발함. China는 진에서 유래. 진나라는 천혜의 요새였으나 진시황은 오만하고 다른 사람의 의견을 경청치 않았음. 금령이 많아 충언을 잘못하다가 죽임을 당하는 신하도 많았음. 인의와 도덕이 없었고 나라와 백성을 위한 정치가 아니었음. 진시황제는 건국 통일 15년 만에 종말을 고함. 진나라는 진시황 사후에도 만리장성, 진시황릉 같은 대규모사업과 궁궐, 도로, 수로 건설 등의 지속으로 국가재원의 고갈과 계절을 가리지 않는 강제 노동은 백성에게 큰 부담이 되었음. 진시황 사후 환관 조고와 승상 이사를 둘러싼 치열한 권력 다툼이 있었음. 백성들의 불만은 농민 반란인 진승, 오광의 난과 전국 각지의 반란으로 60여 년의 짧은 역사를 마감. 이후 항우와 유방 등이 각축함.

* 아방궁부

당나라 시인 두목은 '아방궁부'에서 '진나라 사람들 스스로 슬퍼할 겨를이 없건만 뒷사람들이 그들을 슬퍼하도다. 뒷사람이 슬퍼하면서도 거울삼지 않는다면 그 뒷사람들 또한 후세 사람들을 슬프게 하리라' 함.

* "연작이 어찌 홍곡의 뜻을 알랴"

진나라 말기 농민반란을 일으킨 진승이 가난한 시절 농장의 주변 사람들에게 나중에 부자가 되어도 서로 잊지 말자고 하자 주위 사람들이 비웃음. "연작이 어찌 홍곡의 뜻을 알랴(제비, 참새가 기러기와 고니의 뜻을 알랴)" 하고 탄식. 진승과 오광은 대규모 토목사업에 징발당하자 900여 명과 함께 가던 중 비가 내려 목적지에 기일 내 도착이 불능하여 나라를 세우고 죽자고 봉기, 농민군 보병 수만 명, 기병이 천여 명, 전차 600여 량으로 하난성 입성, 국호를 '대초'로 함. 봉기는 실패했으나 중국 최초의 농민란이었음.

* 사마천(BC145?-BC86?)

한무제 시대 52만 6,500자나 되는 사기 130권을 집필, 흉노의 대군과 맞서 싸운 용감한 청년장군 이릉을 칭송 변호하다가 무제의 대노로 궁형에 처해짐.

* 올림픽과 마라톤

폴리스 세계에서는 기원전 776년 이후 4년마다 제우스를 믿는 성지 올림피아에서 5일 동안 경기를 열었음. 기원전 490년 페르시아의 2차 원정군이 아테네 북동쪽 마라톤에 상륙하자 아테네의 중장보병군은 페르시아를 격파(페르시아 군 6,400명, 그리스 측 192명 손실), 당시 승전 소식을 전하기 위해 달려간 거리는 36.75km였으나, 근대올림픽 개최 시에는 마라톤을 40km 정도로 운영하다가 1908년 제4회 런던 올림픽 때 42.195km로 하기로 통일하였음.

* '키루스 교육기'

소크라테스의 제자인 크세노폰이 쓴 서양 최초의 소설임. 인류 역사상 최초의 대제국인 페르시아 제국의 창건자인 키루스 대제(BC576-590?-BC530)를 가장 효율적이며 이상적인 리더로 소개했음. 다양한 인종과 언어를 사용하는 수 많은 백성을 복종시킬 수 있었던 것은 '과학적 지식과 지혜'를 지녔기 때문이라고 함. 키루스는 자기에게 주어지는 비싼 음식을 먹지 않고 자신의 욕망을 억제할 줄 아는 자기절제를 나타냄. '나는 너희들이 마시는 와인을 마시느니 내 스스로 술을 따르는 사람이 될 것이다.'라고 함.

03
구약성서의 요약

아담의 첫째 아들인 카인은 질투로 동생 아벨을 죽임. 아담의 셋째 아들 셋으로부터 9대째인 노아만이 하나님의 말씀 충실히 따름. 노아의 방주에는 세 아들(셈, 함, 야벳)과 며느리까지 사람 8명과 동물들이 있었음, 기원전 2166년경 갈데아 우르에서 태어난 아브라함(셈의 자손)이 86세에 소실 하갈에서 이스마엘을 낳아 아랍인의 조상이 되고, 100세에 본처 사라에서 이삭을 나아 유대인의 선조가 됨, 이삭의 둘째 아들 야곱은 형 에사오에게서 장자의 권리를 붉은 죽과 교환, 야곱의 아들 요셉은 다른 형제들의 질투로 이집트로 팔려 감, 30세에 이집트 총리가 되고, 야곱 147세로, 요셉 110세로 생을 마침. 이집트에서 노예생활(430년간 눌려 살았던)을 하던 200만 명이 모세(BC1525년 생)의 지휘 하에 가나안 땅으로 향함(출애굽, BC1446년 모세 80세, 형 아론 83세에 고센의 람세스를 출발), 40년 동안 만나가 매일 하늘에서 내려옴. 모세 기원전 1406년경 120세로 생을 마침. 여호수아가 후계자로 가나안 땅으로 들어가 여리고 공략, BC1390년경 여호수아 110세에 생을 마침. 이때부터 350년간 판관 시대(사무엘이 사울을 왕으로 임명할 때까지), 다윗은 사울의 무기를 드는 자였고, 다윗은 30세에 유다지파의 왕이 되고 37세에 이스라엘을 통일하고 통일 왕국의 왕이 됨. 그는 우리아의 아내 바사바를 범하고 전장에서 우리아를 계략적으로 죽게 하자 하나님은 나단선지자를 통해 왕의 죄를 지적, 왕은 눈물로 회개하여 용서받고 성군이 됨. 반면 삼남 압살롬(전국

제일의 미남)은 장남(이복동생 다말의 강간사건)을 살해하고 헤브론을 거점으로 모반하고 다윗 왕을 추방하였으나, 길르앗 숲에서 긴 머리칼이 걸려 요압장군에게 전사, 바사바에게서 두 번째 아들 솔로몬 탄생, 40년간 통치, 다윗 BC971 70세로 생을 마침. 솔로몬 20세에 3대왕으로 파라오의 딸을 정부인으로 하고 외국 왕이나 귀족의 딸 700명을 아내로 두고, 소실 300명을 둠. 예루살렘 성전 건축(7년 만에 완공, BC960), 지혜의 왕이었으나 어리석은 자로 타락, 여호와의 말씀 무시, 혼합종교로 전락함. 동, 식물 및 자연 현상을 분석하고 사색에 빠짐. '세상만사 헛되다'고 단정, BC931 40년간 다스리고 솔로몬 왕 60세에 생을 마침. 솔로몬 왕이 죽은 후 북왕국 이스라엘과 남왕국 유다로 분단됨. 여로보암 열 지파, 솔로몬 가문이 두 지파만 남게 됨. 북왕국 이스라엘(BC931-BC722), 남 왕국 유대(BC931-BC586, 345년), 이스라엘 초대 왕 여로보암 우상숭배, 유대왕국 초대 왕 르호보암(솔로몬의 아들).

* 요셉의 운명

야곱의 11번째 아들로서 17세(BC1898 추정)에 애굽으로 노예로 팔려갔을 때 바로의 시위대장인 보디발은 그를 가정총무로 고용하여 자기의 재산관리를 다 위임함(주어진 일에 충실). 그러나 준수한 용모로 보디발 처의 유혹이 있었으나 유혹을 거절하자 그녀의 모함으로 옥에 갇힘. 성실성으로 옥에서도 전옥은 옥의 제반 사무를 요셉이 처리하도록 함. 옥에 갇힌 두 관원장의 꿈을 해석. 떡 맡은 관원장은 죽고, 술 맡은 관원장은 살 것으로 해석함. 전직을 회복할 때 자기를 기억할 것을 요구하였으나 관원장이 바로가 된 후 잊음. 그러나 2년 후 바로(파라오)가 꾼 꿈을 해석할 자가 없을 때 요셉을 기억하고 총리로 임명함. 힉소스 왕조시대 110세로 세상을 떠남. 이스라엘로 출애굽 할 때 자기의 유골을 가지고 가기를 유언하여 가나안의 세겜 땅에 묻힘. 요셉이 감옥에 가지 않았다면 힉소스에 의해 전정권이 몰락할 시 함께 죽었을 것임.

* 모세의 출애굽
BC1446년, 태양신 RA를 믿고 있던 바로는 야외 신을 믿는 이스라엘민족 (430년 동안 억압받음)의 출애굽을 일단 승인하자 남자 60만 명에 부녀자 포함 200만 명이 블레셋을 우회하여 홍해를 건너감.

구약 '40'은 새로운 변화의 숫자
노아의 홍수 때 비 내린 일 수 40일
모세와 함께 광야 방황 40년,
무세 시나이 산에서 하나님과 보낸 일 수 40일

기원전 14세기: 십계명(모세)
기원전 6세기: 유대교의 성립
침묵의 400년: 구약과 신약 사이 하나님의 침묵
1세기 경: 그리스도교의 탄생
610년경: 이슬람교의 탄생(무함마드)

* 성서

구약성서 39권, 신약성서 27권: 그리스도교 성서

구약성서: 유대교(히브리어) 성서

구약성서와 코란: 이슬람교 성서

* 화폐의 역사

1. 실라: 기원전 3000년경 수메르인이 사용, 보리 약 1 리터에 해당
2. 세겔: 기원전 3000년에서 기원전 2000년의 중간쯤 고대 메소포타미아에서 출현, 은으로 되었으나 은화가 아니라 은 8.33g을 말함.
3. 주화: 기원전 640년경 아나톨리아 서부에 위치한 리디아의 왕 알리아테스가 만듦. 표준화된 금이나 은으로 만들어지고 귀금속 양과 보증하는 당국이 표시됨. 모든 주화는 리디아 주화의 후손들임.
4. 데나리우스: 로마 주화, 황제가 보증, 무슬림 칼리프도 그 이름을 아랍화해서 '디나르'를 발행
5. 은괴와 금괴: 중국이 사용

* 예후드 은전

최초의 유대동전 기원전 400년경부터 유통 135년까지 통용(민간인이 주도), 세계 화폐발행의 역사주도

* 세계 화폐 총량

세계 전체의 화폐 총량은 약 60조 달러, 주화와 지폐의 총액은 6조 달러 미만이고 50조 달러 이상의 액수는 컴퓨터 서버에 존재함.

* 소크라테스(BC469/470-BC399)

아테네에서 태어나서 일생을 철학의 제문제에 관한 토론으로 일관한 서양 철학의 위대한 인물로 공자, 예수, 석가와 함께 세계 4대 성인으로 불림. 소크라테스의 수제자인 플라톤에 대하여 영국의 철학자 화이트헤드는 "서양의 2000년 철학은 플라톤의 각주에 불과하다"라고 하고 시인 에머슨은 "철학은 플라톤이고, 플라톤은 철학이다"라고 평함. 소크라테스는 지혜를 사랑하는 마음으로 정의, 절제, 용기, 경건 등을 가르쳐 많은 청년들에게 큰 감화를 끼치고 수사학이나 변론술로 자신을 주장하는 소피스트들에게 '너 자신을 알라'며 경종을 울렸음. 그러나 그를 시기하던 자들은 '청년을 타락시키고 국가의 여러 신을 믿지 않는 자'라는 죄명으로 사형을 시켰음. 도망치라는 주변 사람들의 권유에도 '악법도 법이다'며 독배를 마심. 독배를 마시면서 자신이 아스클레피오스에게 닭을 빚졌다며 자신 대신 갚아 달라고 친구에게 당부함(아스클레피오스는 의학의 신으로 그의 신전에서 치료받은 사람은 닭을 대가로 바쳐야 했다고 함).

04
예수 그리스도(BC7-AD26년경)

그리스도교의 창시자임. 예수에 대한 많은 자료에는 예수가 BC7-6년경에 베들레헴 혹은 나사렛에서 태어난 것으로 추정됨. 예수의 탄생에 대해서는 동정녀 마리아의 탄생설이 유력한데 예수의 아버지는 육적의 아버지는 없고 성령의 능력으로 마리아가 잉태했다는 것이 정통 그리스도교의 근본 교리임. 예수의 가족으로는 어머니인 마리아와 목수인 아버지 요셉, 형제 야고보, 요셉, 유다, 시몬 등이 있음. 예수는 다가오는 하나님의 나라를 선포했고 백성들에게 회개하라고 가르쳤음. 예수의 설교 안에 있는 모든 이념과 이미지는 하나님 자신이 그의 통치를 이루기 위해 가까이 있고 그 모습을 드러낸다는 하나의 사상으로 집약됨. 예수는 그의 활동에 대해 반감을 가진 유대교 지도자들에 의해 로마총독에게 고발되어 골고다 언덕에서 십자가에 못 박혀 사형에 처해짐. 그의 사후 제자들이 각국으로 퍼져나가 그리스도교를 전 유럽으로 전파 했음. 그리스도 교인들은 그를 '인간의 모습으로 나타난 신'으로 여기며, 이슬람교에서는 그를 선지자 중 한 사람으로 여겨 존경함. 힌두교에서도 예수가 크리슈나의 사랑을 받은 아들로 신에 대한 의식을 깨워주기 위해 지상으로 내려 왔다고 생각하는 견해가 있음.

* **예수의 열두제자**

요한, 베드로, 시몬, 안드레, 야고보(세배대의 아들), 바돌로메, 도마, 야고보(말패오의 아들), 빌립, 마태, 다대오, 가롯 유다(맛디아로 대신)

* **요한(예수가 가장 사랑한 제자)**

야고보(세배대의 아들)와 형제였으며 동생인 요한은 예수가 가장 사랑한 제자로 알려져 있음. 4복음서 중 하나인 요한복음과 서신서 요한 일, 이, 삼서 그리고 예언서인 요한계시록을 기록하였음. 요한복음은 다른 복음서보다 영적 깊이가 있고, 요한계시록은 밧모섬에 유배됐을 때 예수의 환상을 받아 기록한 것임. AD100년경에 90살의 나이로 임종. '우뢰의 아들'이란 별명을 가짐.

* **베드로(믿음의 반석이 됨)**

안드레와 형제인 베드로는 본명이 시몬이었으나 예수가 '반석'이라는 뜻의 베드로로 개칭했음. 갈릴리 바다에서 고기를 잡던 어부였으나 예수의 부름을 받고 가족과 상업을 버리고 주를 따랐음. 베드로 전, 후서를 기록하고 예수의 가장 측근에 있었으며 12제자 중 중심적인 위치에 있었음. 예수를 배반하지 않겠다고 맹세하고 세 번이나 부인했던 그는 네로 황제에 의해 로마에서 죽음을 맞을 때 예수의 최후와 같을 수 없다고 십자가에 거꾸로 못박혀 죽겠다고 자청. 가톨릭교회에서는 로마에서 교회를 세워 초대 주교가 되었다고 하며 교황은 베드로의 후계로 인정되고 있다는 입장. 열정적이고 급한 성격소유.

* **야고보(제자 중 최초의 순교자)**

요한과 형제인 야고보는 갈릴리의 어부였다가 모든 것을 버리고 예수를 따랐음. AD44년경 예루살렘에서 그리스도인을 탄압하던 헤롯의 칼에 맞아 12제자 중 첫 번째 순교.

* 안드레

베드로의 형제로 예수의 첫 번째 제자였으며 예수의 제자가 되기 전에는 세례 요한의 제자였음. 예수는 갈릴리 해변에서 베드로와 안드레를 만나 "사람을 낚는 어부가 되게 하리라"고 하셨고 이에 두 형제는 그물을 버리고 예수를 따랐음. 소아시아에서 말씀을 전하던 중 AD70년경 그리스의 파도라스에서 X형 십자가에 못 박혀 순교, 그 후 X형 십자가는 안드레 십자가로 불림.

* 다대오(페르시아에서 순교)

유다라고도 하는 다대오는 최후의 만찬 당시 예수를 향해 "어찌하여 자기를 우리에게는 나타내시고 세상에는 아니하려 하시나이까?" 하고 물었음. 주로 팔레스티나와 메소포타미아에서 선교했고 열렬한 성격의 논쟁가였음. AD62년경 시몬 등과 함께 페르시아에서 순교한 것으로 전해짐.

* 빌립

터키에서 무덤이 발견됨. 베드로, 안드레와 같은 동네인 벳세다 사람으로 세례요한의 제자였던 것으로 보임. 시리아 등 소아시아 지역을 순회하면서 설교를 하다 AD54년경 터키 히메라폴리스에서 십자가에 매달려 순교함. 2011년 이탈리아의 한 고고학자에 의해 무덤이 발견됨.

* 도마

예수의 12제자 중 예수의 부활을 믿지 않았음. '예수의 손등을 만져보고 창에 찔린 옆구리에 손을 넣어 보지 않고는 예수의 부활을 믿지 않겠다.'

하고 제자들 앞에 부활한 예수를 보고서야 부활을 믿은 의심이 가장 많은 제자였음. 그러나 전도는 열렬하게 하여 인도와 중국에 전도활동을 하며 많은 교회를 세움.

* 바울로(AD10? - 67?)

바울로는 그리스도교 역사에서 가장 탁월한 인물이라 함. 예수를 만난 적이 없으나 예수가 죽은 지 불과 몇 년 뒤에 회심한 그는 12년 동안 1만 6,000km 가까이 걸어 다니며 새로운 종교 운동, 즉 그리스도교를 지도하는 사도(선교사)가 되었으며, 그 운동이 유대교의 한도를 넘어 세계 종교가 되도록 하는 데 결정적인 역할을 했음. 그가 남긴 서신들은 현존하는 그리스도교 문헌 가운데 가장 오래된 것임. 바울로의 서신들은 신학적인 정교함과 목회적인 이해를 생생히 드러내고 있으며, 그리스도교의 생활과 사상에 대해 여전히 중요한 의미를 지님. 바울로의 생애에 대해서는 〈신약성서〉 외에는 믿을 만한 자료가 없으며, 그 1차적인 자료는 바울로가 쓴 서신들임. 그 가운데 〈로마인들에게 보낸 편지(1, 2)〉, 〈갈리디아인들에게 보낸 편지〉가 바울로 자신이 직접 쓴 서신들이라는 데 논란의 여지가 없음. 또 많은 학자는 〈필립보인들에게 보낸 편지〉, 〈데살로니카인들에게 보낸 편지〉, 〈필레몬에게 보낸 편지〉 등도 바울로의 서신으로 간주함. 〈에페소인들에게 보낸 편지〉, 〈골로시인들에게 보낸 편지〉 등에 대해서는 의견이 일치하지 않음. 또한 성서학자들은 목회서인 〈디모데에게 보낸 편지(1, 2)〉와 〈디오에게 보낸 편지〉는 바울로 시대보다 훨씬 후대에 씌어졌다고 함. 바울로의 개종과 선교활동은 〈사도행전〉에 기록되어 있는데, 이것은 바울로의 사후 몇 년 뒤에 쓰인 것으로 추정.

* 시온: 예루살렘, 예루살렘 부근의 언덕.
* 시오니즘: 유대인이 그들 조상의 땅인 팔레스타인에 조국을 재건하려던 운동, 1948년 이스라엘의 독립으로 실현.
* 할렐루야: 히브리어로 하나님을 찬양한다는 뜻, 기쁨 또는 감사를 나타냄.
* 아멘: 히브리어 amen, 내용에 동의하거나 이루어지기를 바란다는 뜻(So be it!)

05
무함마드(AD570년경-632년, 62세)

이슬람교 창시자인 무함마드는 명문 상업 귀족 가문에서 유복자로 태어났으나 6세 때 어머니마저 잃어 할아버지와 숙부 손에 자람. 25세에 15세 연상의 부유한 상인의 미망인 하디자와 결혼, 실업가로 성공, 40세에 메카 교외의 동굴에서 자주 명상에 잠길시 천사 가브리엘의 계시를 받아 610년 유일신 알라를 절대 신으로 모시는 이슬람교를 창시함. 무함마드 사후는 칼리프를 뽑음. 무함마드 22년간의 말씀 편찬한 것이 코란(음주, 도박, 돼지고기 금지, 4명의 부인허용(전쟁미망인 구제), 전체 114장). 수니파: 이슬람 공동체의 관행과 범례에 따르자는 뜻, 90%, 시아파: 4대 칼리프인 무함마드의 조카 알리의 당파, 주로 페르시아인 10%.

* 이슬람제국

수니파와 시아파로 대립하고 있던 중 시아파의 반체제 운동으로 혼란에 빠지자 750년에 아바스가 아바스왕조를 세우고 시아파를 탄압, 아랍인의 특권을 폐지, 민족과 관계없이 유능한 인물을 등용하는 '아바스 혁명'으로 아랍제국에서 이슬람제국으로 바뀜. 1055년 셀주크왕조 투르크인이 이슬람세계를 지배하고 왕을 '술탄'으로, 1299년 오스만 제국으로 시작함. '사막의 배' 낙타는 약 270kg 무게의 짐을 싣고 일주일 정도 물을 마시지 않고도 견딜 수 있음. 상업윤리를 중시하고 상업을 천시하지 않았음. 복

식부기와 수학발달, 천문학 발달, 당시 세계 최고 수준의 문명, 중국의 연단술이 들어와 연금술과 화학 등으로 발전하였고 7세기에서 16세기까지 이슬람교도는 유럽세계에 비해 절대적 우위에 있었음. 코르도바는 인구 50-80만 명으로 70개의 도서관과 1,600개의 사원이 있었음. '14세기의 르네상스'가 시작할 시 이슬람문명은 유럽문명에 강한 충격을 주고 레오나르도 다 빈치 같은 천재는 이슬람 세계에서는 상식적인 일이라 말할 정도였음.

06
칭기즈 칸
(1162?-1227, 65세, 제위 1206-1227)

몽골제국의 초대 칸, 본명은 테무진, 몽골족을 통일하고 중앙아시아를 평정하는 한편, 서양 정벌로 동서양에 걸친 대제국을 건설함. 그의 나이 10세도 안 되어 부족장이었던 아버지 예수게이가 타 부족 사람들에게 독살당한 후 비참한 생활을 했음. 전 재산이라고는 말 두 마리뿐이었고 살기 위해서는 '무슨 짓이든 해야 된다'는 생각을 심었음. 테무진의 가족들은 도둑들의 기습을 받아 말을 빼앗기자 테무진은 홀로 활 하나만 들고서 도둑들을 추격하여 살해하고 말을 되찾아 옴. 케레이트 부족의 족장인 옹 칸과 자무카 등 유력자들과 부자 관계 혹은 형제 관계를 맺고 그러다가 그들과 사이가 틀어지면 싸워서 차례로 멸망시킴. 마치 뜨거운 열로 강철을 다루듯이 자신의 세력을 키웠고 1206년까지 몽골 전체를 통일함. 몽골과 러시아를 흐르는 오논 강 유역에서 몽골의 여러 부족장들이 집결한 회의에서 족장들이 테무진에게 '우주의 군주'라는 뜻인 '칭기즈 칸'이라는 칭호를 바침(나이 44세). 1227년 호라즘 제국과의 전쟁에 군대를 참가시키지 않은 서하를 공격하던 중 말에서 떨어져 사망함.

* 몽골

칭기즈 칸 사후 제2대 칸이 된 오고타이는 10만 원정군을 파견, 키예프 대공국을 비롯하여 러시아 전체를 정복하자 러시아는 그 후 240년간 '타타르의 멍에'라는 몽골 지배시기를 맞음. 1258년 아바스 왕조의 수도 바그다드(인구 150만)를 함락하고 일한국을 세움. 1266년부터 북경 건설에 착수 1271년 국호를 대원으로 정하고 1279년 남송을 멸하고, 중국, 몽골, 티베트 동북부를 지배하고 고려를 속국으로 함. 몽골인의 대도로망은 중국인의 대도로망, 실크로드, 초원길, 이슬람의 대도로망을 결합하였으며 몽골족이 관리하는 중앙아시아의 교역로는 '황금관자를 머리에 이고 다녀도 안전하다'고 할 정도로 안전하였으며, 육상 간선도로에는 40km마다 정거장이 있었음. 마르코 폴로는 상인인 부친과 함께 원나라에 와서 17년간 쿠빌라이를 섬기고 후에 '동방 견문록'을 저술하였고 이때 중국의 화약, 나침반이 이슬람세계로 전해짐.

* 몽골군의 막강 이유

1. 경장비의 기병대는 하루 70km 이동 가능
2. 말을 이용, 한 명당 7-8마리 소유, 하루씩 탄 후 3-4일간 쉬게 함.
3. 천호백호제: 한 부대를 10명 단위로 구성, 전 몽골군에 95개의 천호가 있었음.
4. 몽골 활: 가볍고 강한 단궁이며 접근전에 강함(나무와 뿔로 만든 합성궁은 300m 넘는 곳에 있는 목표도 맞힐 수 있었음.)
5. 이슬람 상인의 협력: 지리적 지식, 도시를 공격할 무기 등을 이용 몽골이 100만이 채 안 되는 인구로 인구가 수 백 배에 이르는 나라를

정복한 데에는 융합전략과 독창전략이 있었음. 점령지 기술을 적극적으로 받아들였는데 중국의 화약기술, 유럽의 주조기술, 중동의 화염방사기술 등에 유목민 특성인 기동성과 몽고인의 심리전술을 녹여냄으로 최고의 강군으로 만듦. 현지 문화를 적극적으로 수용, 지역적 특성에 맞게 인종과 종교를 활용, 문화의 장점과 개인의 능력을 중시하였음.

* 몽골제국의 멸망

오고타이한국은 차가타이한국에 합병, 킵차크한국은 러시아의 모스크바 대공국에 의해 멸망, 원도 한인의 봉기로 망함(홍건적의 난).

* 몽골 멸망의 원인

1. 제국 경영이라는 패러다임에 대응치 못했음.
2. 제국 경영 전략의 부재
3. 국가 관리 시스템의 불안, 소수의 몽고족이 중국인에 대한 차별이 심했음.
4. 칭기즈 칸 후예들의 무 숭상, 문 경시의 오만한 문화로 '말위에서 천하를 재패할 수는 있었으나 말위에서 천하를 경영할 수는 없었다.' 함. 원나라는 국민의 직업을 관리, 아전, 승려, 도사, 의사, 기술자, 목공, 매춘부, 유생, 거지의 10등급으로 나누고 주로 중국인 유생들은 백정만도 못한 취급을 당했음.

* 무굴제국

몽골제국의 재건을 시도한 티무르제국의 마지막 왕 바부르는 군사를 이끌고 북인도로 침입하여 1526년 무굴제국을 세움. 힌두교도 중 실력 있는 자를 관료로 등용하는 등 유연한 정책을 채택함. 제6대 아우랑제브는 인도 역사상 최대 영역을 지배하는 대제국을 건설하였으나 힌두교 사원을 파괴하고 지즈야 (불신앙세)제도를 부활하는 등 무리한 정책 강행으로 힌두교의 반란을 불러 급속히 쇠퇴함.

* 타지마할

아우랑제브의 아버지인 제5대 샤 자한은 두 번째 부인인 뭄타즈 마할(왕궁 최고의 꽃, 14명의 자녀를 두고 정치적 조언은 물론, 때에 따라서는 황제의 옥쇄를 맡음)이 39세에 전쟁터에서 출산 중 세상을 떠나자 그녀를 기리기 위해 타지마할을 건축. 타지마할('대리석의 환상')은 2만 명의 기술자와 노동자를 동원 22년간 공사, 사방 57m의 정사각형, 높이 58m, 샤 자한은 건설 후 유폐됨(6년간).

타지마할

* 정화선단

정화(1371-1433), 명대의 무역 항해가. 영국의 역사학자 개빈 멘지스는 최초의 아메리카 발견을 주장하고, 콜럼버스도 정화가 만든 해양지도를 보고 항해했다고 주장함. 명나라 영락제 때 남해 원정의 총 지휘관으로 1405년-1433년 28년간 7차에 걸쳐 해외 원정을 함. 환관이었으며, 환관의 장관인 태감에 발탁, 남해 항로를 개척하여 인도양을 건너 페르시아만과 동북 아프리카까지 진출. 전 세계에 중국인을 퍼지게 한 장본인임. 영락제(명 태조 주원장 4째 아들)가 왕자의 난에서 왕으로 등극할 때 장군으로 큰 공을 세움. 1405년 1차 항해 때 대선의 길이는 137m, 폭이 약 50m 배수톤수 약 3,100톤, 함선 62척에 승무원이 2만 7,800명이 승선 가능한 대형 선단(90년 후 1497년 바스코 다 가마가 리스본을 출발하여 인도로 향할 때 이용한 선박은 120톤급 3척에 승무원 170명으로, 이에 비해 무려 100배 이상) 이었음. 도착한 국가에 중국에 조공을 바치라고 강요하고 조공 사신을 중국으로 데려 오기도 함. 중국 생산의 금, 은, 도자기와 열대지방의 보석, 동물, 광물 등을 교환하였으나 정화 사후에는 명나라의 쇄국정책으로 대형 선단의 출항이 중단됨. 역사학자들은 정화의 원정은 유럽의 대항해시대보다 70여 년이 앞섰다 함. 해양무역의 중요성을 느끼지 않아 7차 항해 후 중단함. 300년 전, 즉 18세기 전 1,000년 동안은 동아시아가 유럽을 앞섰음. 그 후 후추, 사탕 수수, 면화의 무역으로 서양 중심으로 이동하면서 노예서래, 식민지 건설, 산업혁명의 발달로 진척되어 갔음.

07
콜럼버스(1451-1506)

이탈리아의 탐험가. 1492년 콜럼버스는 항해를 허용한다는 산타페 협약을 이사벨 여왕과 체결, 총독의 지위와 총 이익의 10%를 약속받음. 3척의 배에 120명이 스페인 파로스 항구를 출발하여 2개월 9일 만에 아메리카 대륙을 발견(인도로 믿음). 40명을 남겨두고 귀국함. 1493년에는 17척의 배에 1500명을 승선시켜 항해하여 향료 대신 원주민을 노예로 데려와 이사벨 여왕의 분노를 삼. 1498년 3번째 항해에서는 신대륙에서 원주민과 선원들의 반란으로 소환됨. 1502년 4차 항해에서는 파나마 지협 일대를 배회만 하고 태평양을 발견치 못하고 귀국. 도착한 아메리카를 인도로 착각하여 원주민을 인디언이라고 부름. 55세에 별세.

* 아메리카

이탈리아 선원이었던 아메리고 베스푸치는 1499-1504년 사이에 여러 차례 아메리카 탐험대에 참가하고, 1502년-1504년 사이 탐험의 내용을 담은 두 건의 문서가 유럽에서 출간됐는데 저자는 베스푸치로 되어 있었고 이 문서 주장에 따르면 콜럼버스가 새로 발견한 섬들은 동아시아 연안의 섬들이 아니라 완전히 새로운 대륙이었음. 1507년 이 주장을 확고하게 믿은 존경받는 지도 제작자 마르틴 발트제밀러는 최신판 세계지도를 출간할 시 유럽에서 서쪽으로 항해한 선단이 정박했던 곳을 별개의 대륙으로 표시함에 있어 그는 그것을 발견한 사람이 아메리고 베스푸치라고 잘못 알고 있었던 터라 신대륙에 아메리고를 기리는 이름을 붙여 아메리카라고 하였음.

* 바이킹 족

덴마크지방과 스웨덴 남쪽에 주로 활동, 노르망디의 뜻은 북쪽 사람이 사는 곳, 바이킹 족이 콜럼버스 보다 200년 앞서 알라스카와 북아메리카 대륙을 발견

* 바스코 다 가마

1498년 바스코 다 가마의 함대는 희망봉을 돌아 인도 캘리컷에 도착, 왕복에 2년 넘게 걸렸고 170명의 승무원 중 생환자는 60여 명, 가져온 인도산 후추는 항해 비용의 60배의 이익을 포르투갈 왕실에 줌. 후추는 육류의 방부제 역할을 함.

* 페니키아의 항해

페니키아의 아프리카 항해일주는 1497년 바스코 다가마의 아프리카 행해일주보다 2천 년이 빨랐음.

* 아즈텍제국

멕시코 고원의 아즈텍제국에 1519년 에스파냐(스페인)의 귀족출신인 에르난 코르테스는 쿠바총독의 일을 돕다가 500명의 병사와 16필의 말을 이끌고 멕시코 원정에 올라 수도인 테노치티틀란에 입성하였으나 병력의 3분의 2를 잃으면서 싸움을 거듭한 끝에 탈출하여 해안까지 돌아올 수

있었음. 코르테스가 다시 쳐들어갔을 때는 아즈텍인들은 더 이상 어리숙하지 않았고 격렬한 싸움을 벌였음. 그러나 천연두가 갑자기 퍼지자 면역이 된 스페인들은 큰 영향을 받지 않았지만 거의 절반에 가까운 아즈텍인을 몰살시켰음. 황제를 인질로 잡고 복종과 황금을 요구하였으며 1521년 아즈텍문명을 정복하여 오늘날 멕시코가 됨. 아즈텍의 수도인 테노치티틀란이 있던 호수는 흙으로 메워져 멕시코시티가 됨. 그리하여 처음에 약 2,000만 명에 달했던 멕시코인구가 1618년에 이르렀을 때는 약 160만 명으로 줄어듦.

* **잉카제국**

1532년 스페인 출신 프란시스코 피사로는 168명의 병사와 37마리의 말을 이끌고 잉카제국으로 감. 황제지위로 형제가 대립하며 혼란에 빠졌을 때 회견을 하는 척 하면서 황제 아타우알파를 포로로 잡고(스페인병사들은 말, 쇠칼, 갑옷, 총을 이용하여 잉카의 돌, 청동기, 나무곤봉, 갈고리 막대, 손도끼, 물매를 든 약 8만 명을 무찌르면서 6,000-7,000명을 죽임) 8개월 동안 인질로 교묘히 이용하였음. 피사로는 가로 6.7m, 세로 5.2m 높이 2.4m가 넘는 방을 가득 채울 만큼의 황금을 몸값으로 받았지만 약속을 저버리고 아타우알파를 처형하였고 1533년 제국은 멸망함. 마야, 아즈텍, 잉카의 원주민은 약탈자인 스페인인이 옮긴 천연두와 파상풍으로 16세기 7천-9천만 명으로 추정되었으나 인구가 100년 후인 17세기에는 350만 명으로 감소함.

* 아메리카 인디언 수

콜럼버스가 신대륙에 도착했을 때 약 2,000만 명으로 추정되었으나 이후 한 두세기에 걸쳐 인구는 최대 95%가 감소했을 것으로 추정. 인디언들이 감소된 주된 원인은 구대륙의 병원균(천연두, 홍역, 인플루엔자, 장티푸스 등)이었음.

---

* 총, 균, 쇠(Guns, Germs and Steel)

케임브리지 대학에서 생리학 박사학위를 취득하고 현재 조류학자로 활동하고 있는 제레드 다이아몬드(현재 캘리포니아 주립대 의과대학 교수)는 유럽인들이 신대륙을 식민지로 만들 수 있었던 요인들 중 총기, 쇠 무기, 기마 등을 중심으로 한 군사기술과, 유라시아 고유의 전염병에 직접적인 요인이 있음을 분석.

* 하와이 인구

1779년 제임스 쿡선장과 함께 들어온 매독, 임질, 결핵, 인플루엔자 그리고 1804년에 유행한 장티푸스는 1779년에 하와이 인구 약 50만 명이었던 것에서 1853년 8만 4천 명으로 감소시켰음. 그 해에 하와이에 상륙한 천연두가 1만 명의 목숨을 빼앗았음.

* 코페르니쿠스의 지동설

니콜라우스 코페르니쿠스(1473-1543)는 폴란드 출신의 신학자이며 천문학자로 20년 동안 천체 관측을 통해 태양만이 1년간 크기가 거의 변하지 않는다는 사실을 알아냈고, 지구를 비롯한 행성들이 태양 주변을 간단

한 궤도로 돈다는 것을 확신함. 그는 따돌림과 조롱을 받을까 두려웠고 천동설을 주장하는 교회의 입장과도 달라서 수 십 년 동안 침묵을 지키다가 친구들에게 연구 결과를 보여 주었고, 결국 추기경 한 사람이 연구 결과를 발표하라는 격려의 편지를 받고서도 4년을 더 버틴 후에 한 수학자가 연구 내용을 제출해 〈천구의 회전에 관하여〉 총 6권을 1543년 출간하게 되었으나 사흘 뒤 사망함. 그 후 지동설은 많은 비판을 받았으나 요하네스 케플러와 갈릴레오 갈릴레이에 의해 코페르니쿠스의 지동설이 옳았음이 증명됨. 지동설은 천문학 체계의 변화뿐 만아니라 새로운 세계관을 등장시킴. 1543년은 과학 혁명의 원년이라 함.

* **투르크함대 격파**

1571년 신성동맹(베네치아, 제노바, 에스파냐)은 레판토 해전에서 오스만투르크 함대를 격파함. 약 200척의 갤리선과 약 3만 명의 오스만투르크 함대 측이 우세하였으나 신성동맹 측의 우수한 화포로 100여 척의 군함을 나포하고 약 1만 명의 병사를 생포함.

* **영국, 무적함대 격파**

1588년 무적함대는 130여 척의 선박(전함 약 40척)에 8,000명의 선원과 1만 9,000의 병사로 출전, 영국은 197척(34척 군선 드레이크 부사령관) 중 8척의 화공선 발진으로 시작, 영국은 사정거리가 긴 대포를 장착하였으나 스페인은 중포로 위력이 없었으며 스코틀랜드와 아일랜드를 돌아오면서 풍랑 등으로 15,000여 명이 사망, 60여 척만이 귀환할 수 있었음. 이후 250여 년 동안 대포로 무장한 군함이 해양을 지배함.

* **중국의 발전**

1450년경까지 중국은 유럽보다 훨씬 혁신적이었음. 중세의 이슬람보다 앞섰음. 중국의 발명품 중에는 화약, 자석 나침반, 활자, 종이, 자기, 인쇄술, 운하갑문, 무쇠, 깊은 구멍을 뚫는 기술, 효과적인 마구, 배꼬리의 키, 외바퀴 손수레 등이 있었으나 후에 혁신성을 잃었음.

* **제지기술 이슬람으로**

AD 751년 아랍의 한 군대가 탈라스 강 전투에서 중국 군대를 패배시킬 시 포로들 중에 제지공 몇 명을 발견하여 사마르칸트로 데려가서 종이 제조를 시작했음.

---

* **속담**

'모든 일들은 열쇠를 갖고 온다.'

* 자기

매끄럽고 반투명한 도기의 일종인 자기는 AD7세기경 중국에서 발명되었음. 그 후 14세기에 비단길을 통해 자기가 유럽에 전해지기 시작하자 크나큰 찬사를 받았음. 유럽에서는 모방하려는 시도가 있었으나 성공하지 못하다가 1707년 독일의 연금술사 요한 뵈트거가 장기적인 실험을 거듭한 끝에 해결책을 발견, 오늘날의 마이센의 자기 공장을 설립했음. 그 후 프랑스와 영국에서도 독립적인 실험을 통해 세브르, 웨지우드, 스포드 등의 자기가 탄생했음.

* 고려청자

청자는 중국에서는 9세기경에 제작하고 고려에는 10세기경 중국에서 기술을 도입함. 11세기 후반에서 12세기 초 독자의 기술을 개발, 비색 창조, 원하는 대로의 물건을 만든 뒤 표면에 무늬를 새기고 흰색과 붉은 색 흙을 발라 1,200도 이상의 고온에서 흙과 유약이 융합하는 기법으로 구워짐. 12세기 중반 이후 상감청자 개발(한국에 머문 거란인의 기술 도움). 중국 남송 때는 고려의 상감청자를 역 수입하여 동아시아 일대 유통(베이징, 상하이, 티베트 지역에 전시)됨. 송나라 사신 서긍은 "고려의 비색은 천하의 제일이다. 다른 곳에서 따라 하려 해도 도저히 할 수 없는 것들이다."라고 함.

08
나폴레옹(1769-1821, 52세)

아버지는 변호사이며 귀족회의 의원(코르시카 대표), 1785년 16세에 파리의 사관학교를 졸업 후 포병 소위, 1793년 24세에 왕당파의 반란을 진압하여 소장(사단장)으로 특진, 1798년 이집트 함락, 1798년 제1통령, 35세에 나폴레옹 법전 완성(세계 민법에 큰 영향), 프랑스 대혁명의 이상을 퍼뜨림. 황제(1804-1815)가 되었고 영국, 러시아, 오스만 터키를 제외한 거의 전 유럽을 정복함. 영국에 대한 대륙봉쇄령에 러시아가 이를 어기자 60만 대군으로 러시아를 침공하였으나 실패함. 1814년 45세 때 연합군의 파리 함락으로 엘바 섬에 유폐되었으나 탈출, 복위(100일)하여 워털루전쟁(1815년)에서 초반 7만 2천의 병력으로 12만의 프로이센군을 격파, 우세하였으나 후반에 패퇴한 프로이센군의 합류로 패하고 망명을 꾀하였지만 실패 후 영국함대에 투항하고 센트 헬레나로 유배(7년)됨. 나폴레옹과 웰링턴은 동갑내기였음. 1821년 52세로 사망. 전술은 징병제로 수많은 청년들을 동원하고, 유연한 전투대형의 변환과 대군을 한군데로 집중, 한꺼번에 승부를 가리는 '기동전' 구사로 승리를 이끎. 1806년 신성로마황제를 퇴위시키고 제국을 해체함. 당시 로스차일드는 나폴레옹과 유럽의 여러 왕조에 거액 융자해 주고 막대한 이익을 취함.

* **문화를 꽃 피운 나폴레옹**

전쟁에 훼손된 교회를 약 400만 파운드를 들여 재건, 1795-1820년까지 권력을 행사한 25년간 유럽 전역의 문화에 큰 영향, 능력에 의해 인재 등용, 나폴레옹법전(법 앞에서 평등, 신앙의 자유, 사유재산의 존중, 계약의 자유), 로마 왕을 위해 사요궁을 건설, 약탈한 보물로 루브르 박물관을 채움. 운하를 건설하고, 1806년 아우스터리츠 전투의 승리를 축하하기 위해 개선문을 세움.

* **아우스터리츠 전투와 개선문**

나폴레옹의 빛나는 승리 중의 하나로 삼황제 전쟁이라고도 함. 프랑스 제국에 대항하여 결성된 3차 동맹을 효과적으로 분쇄시켰음. 1805년 12월 2일 나폴레옹이 지휘하는 프랑스군은 거의 9시간에 걸친 힘든 싸움 끝에 알렉산드르 1세가 지휘하는 러시아-오스트리아 연합군을 결정적으로 격퇴시켰음. 전투가 벌어진 곳은 모라바의 브르노(현재 체코의 슬라브코프)에서 남동쪽 약 10km 떨어진 아우스터리츠에서 벌어짐. 이 전투는 전술상의 걸작으로 평가 받음. 동맹군(연합군)은 73,000명의 병력 중 약 27,000명의 피해를 입었고, 프랑스군은 67,000명의 군인 중 약 9,000명의 사상자를 냄. 동맹군은 180문의 포와 50개의 깃발을 잃음. 이 승리는 전투 전날 경제가 파탄에 이를 정도로 흔들리던 파리에서 기쁨과 열광을 만듦. 나폴레옹은 조세핀에게 "나는 두 황제가 지휘하던 오스트리아 러시아 연합군을 격파시켰

알프스 산을 넘는 나폴레옹

소. 나는 조금 피곤하오... 나는 지금 당신을 껴안고 싶소."라고 편지를 쓰고 차르 알렉산드르는 동맹군이 처한 상황을 "우리는 거인의 손안에 있는 난쟁이들이다."라고 요약함. 오늘날 아우스터리츠 전투는 "나폴레옹의 가장 위대한 승리"라고 불림. 이 승리를 기념하기 위해 나폴레옹의 명에 의하여 세계 최대의 개선문 에투알 개선문(높이 50m)이 1806년에 기공되고 1836년에 완공되었음. 나폴레옹은 사후 1840년 이장 시 이 문을 지나감.(에투알: 별이라는 뜻, 주변 12개의 도로가 별 모양)

* 병조림, 통조림

나폴레옹은 군사 식량조달 장기보관 방법을 공모하자 1804년 유리병에 음식을 넣고 가열, 살균하는 병조림 방법 고안에 현상금 1만 2,000프랑을 지급함. 영국은 1810년 통조림 방법 개발로 해군 군용식으로 함.

파리 개선문

09
레콘키스타와 1492년

레콘키스타는 9세기에서 15세기에 걸쳐 이베리아반도의 스페인과 포르투갈 지역을 점령하고 있던 이슬람왕국을 몰아낸 기독교 세력의 국토회복운동을 말함. 이슬람 세력은 십자군 원정도 버텨 냈지만 결국 최후 거점인 그라나다까지 내어주고 1492년 완전히 무릎을 꿇었음. 레콘키스타의 완성은 스페인 내 기독교 왕국들의 군사적, 종교적, 재정적 승리에 머물지 않고 서구가 세계사의 주역으로 등장하는 신호탄이 되었음. 1월 레콘키스타의 완성과 3월 알람브라 칙령의 선포, 10월 콜럼버스의 신대륙 발견을 가져온 1492년은 의미 깊은 해라고 하겠음. 샤를마뉴대제는 로마제국 멸망 이후에 유럽을 재통일한 정복군주였으며 화폐 및 행정을 개혁하고 문자체를 개발한 왕으로 이슬람의 침략을 방어하고 유럽을 지켰음. 13세기 말 기독교들은 스페인 땅을 대부분 회복했으나 마지막 남은 그라나다 왕국은 유럽에 비해 몇 단계 높은 과학과 문화수준 덕분에 200년 이상 더 존속하고 있었음. 이슬람왕국의 최후는 이베리아 반도의 3대 기독교 세력 가운데 포르투갈을 제외한 카스티야왕국의 이사벨공주와 아라곤왕국의 페르난도 2세가 결혼함으로써 통일 카스티야왕국으로 통합하여 이슬람의 마지막 거점인 그라나다를 1492년 1월 2일 함락시켰음. 그라나다왕은 카스티야가 수십만에 이르는 이슬람교도의 종교와 재산권, 상권을 유지해 준다는 조건으로 그라나다를 내어주고 지브롤터 해협을 건넜음. 그리고 신대륙 발견으로 이어지고 아시아와 이슬람에 뒤쳐져 있던 유럽이 학문과 과학의 발달을 주도하게 된 것도 이때부터임. 3월 31일에 선포된 알람브라 칙령은 유대인에 대한 집단 추방령이었음. 그동안 유대인들은 로마제국에 의해 유대국가가 멸망한 2세기부터 새로운 약속을 기약할 수 있는 약속의 땅을 찾아 나섰고 랍비들이 성서를 근거로 제시한 스페인으로 모여 들었던 것임. 그들은 이슬람의 관용과 그들만의 높은 학문과 문화를 필요로 하는 기독교 국가들의 친화정책에 힘입어 전성기를 이어갈 수 있었음. 이슬람국가들이 아라비아어로 번역해 간직해 오던 그리스와 로마의 의학과 철학 서적들이 대거 히브리어와 라틴어로 번역된 것도 이 시기였고 아라비아 수학과 기하학도 전파되었음. 점차 부유해지는 유대인에 대한 견제가 시작되었지만, 영국과 프랑스에서 추방당한 유대인의 이주에 의해 그들의 수는 더욱 늘어났음. 어려움 속에서도 에스파니아의 유대인들은 황금기를 보내며 세파르딤이라는 독특한 문화를 꽃피웠음. 세파르딤 유대인들은 전 세계 유대인 가운데서도 가장 부유했음 (17세기 중반 암스테르담에서 세파르딤 유대인의 평균소득은 동유럽과 독일 출신 유대인인 아슈케나짐의 40배가 넘었다는 기록도 있음.). 추방의 명분은 성스러운 기독교에 해악과 모욕을 끼쳤다는 것이었으나 이면에는 경제적인 계산도 깔려있었음. 부동산의 자유로운 처분을 허용한다 하고는 금과 화폐의 반출을 비롯해 국가가 정하는 품목은 금지함으로써 유대인들의 재산을 빼앗았음. 1492년 유대인들이 추방되자 바르셀로나 은행들이 대거 파산하고 카를로스 1세 내 영토상으로 거대한 제국을 이루었으나 경제적으로는 서서히 몰락하고 있었음.

레콘키스타(스페인어: Reconquista): 영어 reconquest(재정복)

* 알람브라 궁전

알람브라('붉다'는 뜻) 궁전은 그라나다를 한눈에 조망할 수 있는 사비카 언덕에 있음. 1232년 그리스도교에 쫓겨 그라나다로 와서 이슬람 왕국을 세우고 21명의 왕을 거쳐 가며 완성된 이슬람문화의 극치임. 1200년대 중반 나스르(무어)왕조에 의해 건축이 시작되어 1358년에 완공됨. 당시 이슬람 왕 모하메트는 이 궁전을 완공하면서 '사랑하는 백성들이여! 너희가 살아서 지상의 천국을 볼 것이다.'라고 선언함. 하지만 기독교의 국토회복운동(레콘키스타)으로 1492년 3월, 카스티야의 이사벨 여왕과 아라곤의 페르디난도 두 왕에게 아무런 저항도 못하고 넘겨지게 되었으며 마지막 주인 보압딜 왕은 기독교에 쫓겨 시에나 네바다 산맥을 넘으면서 "스페인을 잃은 것은 아깝지 않지만 알람브라를 다시 볼 수 없는 것이 원통하구나"라고 통한의 눈물을 흘림. 이후 이곳은 '통한의 언덕', 분수와 연못의 물은 '무어인의 눈물'이란 별명을 갖게 됨.

알람브라 궁전

* 유대인의 추방

유대인은 농업만 빼고 모든 직업에 종사, 영주, 기사, 농노를 제외한 대부분 직업은 유대인 몫이었음. 유대인들은 18세기에 이르기까지 6백여 년 동안 유럽의 통치자들에게 경제적인 이용물이었으나 13세기에 영국, 14세기 프랑스, 15세기 스페인, 16세기 이탈리아에서 차례로 추방당함. 바르셀로나는 1492년 유대인들이 추방되자 은행들이 대거 파산하고, 카를로스 1세 때 영토상으로는 거대한 제국이 경제적으로는 서서히 몰락함. '해가 지지 않는 최초의 제국'은 카를로스 5세 때로, 영국의 빅토리아 여왕 때의 지배 면적보다 훨씬 광활한 지역을 지배하였으며 아들 펠리페에게 스페인 제국을, 동생 페르디난트에게 오스트리아를 물려주었음. 유대인 추방이후 경제 기반이 무너지면서 1557년 국가 파산선언, 1575년에 파산선고, 거의 20년을 주기로 5번이나 파산 선고, 1588년 무적함대 대패, 1596년에도 파산선고를 하고 1640년에는 포르투갈이 독립전쟁을 일으켜 1668년 분리됨. 1648년에 네덜란드 독립, 1659년 프랑스 남서부와 북부 일부를 프랑스에, 1678년 동부를 프랑스에, 1714년 시칠리와 나폴리, 사르디냐와 네덜란드 남부지방을 오스트리아에게 할양함.

* 명언

'여행은 서서 하는 독서이고 독서는 앉아서 하는 여행이다.'
'여행은 가슴이 떨릴 때 해야 하고 다리가 떨릴 때 해서는 안 된다.'

10
비스마르크(1815-1898, 83세)

독일 프로이센의 정치가, 1862년 수상이 된 비스마르크는 "독일이 당면한 문제는 언론과 다수결이 아니라 철과 피(Eisen und blut)로 밖에는 해결되지 않는다."라고 함. 하원을 4년간 정지하고 오스트리아와 전쟁을 함. 북독일연방을 성립시킴, 1870년 프랑스를 전쟁으로 끌어들여 개전 40일 후 세당의 전투에서 나폴레옹 3세를 포로로 함. 1871년 베르사유 궁전에서 독일 일대의 군주들을 모아 놓고 프로에센 왕을 세습 황제로 하는 '독일제국'(독일 통일)을 성립시킴. 프랑스는 50억 프랑 배상금, 알자스. 로렌 지방을 할양하도록 함. 1873년 후 '대 불황'시 사회주의자 탄압, 노동자 보호정책 추진, 보호관세, 외교에서 프랑스를 고립시킴. 1884년 아프리카 분할을 위한 베를린 회의 후 동 아프리카, 카메룬, 서남이프리카 등을 식민지화함. 기술 혁신으로 영국에 도전, 제철이 '선철'에서 '강철'로 바뀔 시 세계의 5분의 1을 생산하여 영국 6분의 1을 추월함. 1883-1889년, 독일 의회는 비스마르크 총리의 주도아래 질병, 재해, 노령 및 장애보험 등 세 가지의 사회보장법을 통과시킴으로서 세계 사회보장제도의 기틀이 됨.

비스마르크

"역사 속을 신이 지나갈 때 뛰어나가 그 옷자락을 놓치지 않고 잡아채는 것이 정치가의 책무다."

-비스마르크-

* 헬무트 폰 몰트케(1800-1891)

비스마르크에게는 참모총장 헬무트 폰 몰트케가 있었음. 몰트케는 대포와 소총을 후장포와 후장총으로 무장시켰으며 애국심이 주입된 병사들을 철도로 이동시켜 오스트리아군을 격파시켰음.

* 후장포와 후장총

기존의 소총은 화약과 총알을 넣은 뒤 꽂을 대로 쑤셔서 장전하는 방식으로 치열한 전투 중에도 선 채로 장전해야 했고 1분에 2-3발 발사도 어려웠음. 후장총은 총알, 뇌관, 화약을 싼 탄약을 약실에 넣어 장전하는 식으로 엎드린 채 1분에 10발 이상 쏘는 것도 가능하였음. 후장포는 크루프사에서 개발했고 후장총은 1836년 요한 니콜라스 폰 드라이제가 발명함.

* 발칸반도

1877-8년 러시아와 투르크 전쟁으로 선 스테파노 조약이 체결되자 세르비아, 몬테네그로, 루마니아 독립, 불가리아국의 건국승인이 됨. 그러나 영, 오의 맹렬한 반대로 1878년 베를린 회의에서 불가리아의 영토를 3분의 1로 축소되고 러시아의 남하정책은 좌절됨.

11
유럽이 중국을 앞지른 이유

1812년 세계 GDP의 32%를 차지한 청 왕조는 1840년에 시작한 두 차례(1840-42 홍콩 할양, 광동이외 5개항 개항, 1856-1860 아일랜드, 프랑스와 함께 러시아도 톈진조약, 베이징조약)의 아편전쟁으로 영국, 유럽, 미국의 반식민지가 됨. 1900년도 청의 수도 베이징은 영, 불, 미, 러, 일본을 포함한 서구 열강 8개국에 분할 점령당함. 증기기관을 동력으로 한 유럽 전함의 공격에 무너짐. 'science'와 'technology'가 없었음. 아시아에서는 일본만이 재빨리 유럽 과학 기술을 습득하고 있었음.

1. 영국 캠브리지 대학의 역사학자 조지프 니덤(1900-1995)은 '화약과 나침반, 종이, 인쇄술을 먼저 발명한 중국이 왜 유럽 과학과 기술문명에 뒤지게 됐는가?'에 대하여 유가와 도가의 영향에서 찾으려고 함.

2. 유럽은 14세기까지도 약 1,000개에 달하는 독립 소국으로 나누어져 있었고, 1500년에는 약 500개의 소국이 있었으며 1980년대에는 최소 25개 국까지 그러나 다시 늘어나 현재는 40개국에 가까움. 이처럼 과거에 분열된 유럽은 박해받는 개혁자들에게 피난처와 지원책을 제공하고 각 나라 사이의 경쟁을 촉진함으로써 기술, 과학, 자본주의의 진보를 육성했지만 반면 지리적 요소로 중국은 통합된 나라였고 중국의 국가 체계는 현대 과학의 출연에 필요한 대부분의 조건을 억압했음. 즉

혁신은 분열이 중간 정도에서 머문 사회에서 가장 빠르게 일어나고, 지나치게 통합되었거나 너무 분열된 사회에서는 불리하게 작용한다는 분석이 있음.

3. 케네스 코메란츠 시카고대 역사학 교수는 2000년 발표한 '대분기(the great divergence)'에서 18세기 영국과 양쯔 강 삼각주 지역은 '놀라울 정도로 비슷한 세계'였고, 인구밀도, 기대수명, 생활수준, 소비방식, 농업의 상업화, 가내수공업발전 등에서 큰 차이가 없었다고 분석. 그러나 석탄이 서구와 비 서구를 구분했다고 함. 영국은 석탄(뉴캐슬을 비롯한 북부해안 지역이 석탄이 지표면에 가까이 매장되어 17세기 이전부터 광범위하게 연료로 사용)의 사용으로 증기기관 발명, 공업혁명과 기술혁신으로 이루어졌으나 중국은 양쯔 강 삼각주 지역의 석탄 보유량이 중국 전체의 1.8%에 불과했고 채탄 기술도 떨어졌다 함. 그리고 영국은 값싼 식민지 자원(신대륙의 설탕, 곡물, 원면, 목재)으로 생태적 제약을 극복하며 자본집약도를 높여 본격적인 산업화의 길로 들어선 반면 중국은 높은 노동집약도에 의존해야하는 경제적 퇴화과정을 밟았기 때문이라 함.

* 중국 국보 1호

청명상하도 528.7cm×24.8cm, 북송시대 한림학사 장택단(1085-1145)의 그림, 1120년 경 그려짐. 청명절의 도성내외의 번화한 정경(북송의 수도 개봉)을 묘사, 북경 고궁박물관에 소장.

청명상하도

* 증기선 대서양 횡단

1838년 영국 그레이트 웨스턴 호 필두 4척의 증기선이 대서양 횡단에 성공하여 15일 만에 뉴욕 도착(종전에는 23일에서 되돌아 올 때는 조류로 43일 이상 걸렸음).

12
록펠러(1839-1937, 98세)

바위를 뚫는 사람의 뜻. 1864년 24세의 존 록펠러는 저축한 돈 4,000달러를 밑천으로 정유공장을 설립. 1갤런 가격이 88센트에서 5센트로 떨어져도 흑자를 유지함. 1870년 스탠더드 오일을 설립하고 1872년 39일 동안 필라델피아 22개 경쟁업체 인수. 뉴욕 15개, 석유지대에서 27개 정유사를 흡수함. 1878년 미국 전체 360만 배럴 중 330만 배럴을 스탠더드 오일이 생산(92%)하였으며 1898년 스탠더드 오일 트러스트의 생산량은 미국 전체의 84%를 차지함. 정유, 광산, 산림, 철도, 은행 등에 투자, 한때 악덕 자본가로 비난받음. 무자비한 덤핑 공세로 시장을 초토화함. 유가 갤런당 30센트에서 5센트로 낮춤. 여기에서 20세기 전기, 전자, 자동차산업이 괄목하게 성장 즉 '20세기 산업의 거의 전부'를 만들었음. 10년 동안 석유산업 장악하면서 가격을 80%나 낮추었으나 독점이 불평등을 야기함을 간과함. 1911년 '반독점법' 위반으로 기업을 34개 회사로 분리해야 했음. 1913년 록펠러의 재산은 9억 달러로 세계 최고부자로 미국 GDP의 44분의 1이었음. 1913년 록펠러 재단 설립, 5억 3천만 달러 기부. 1930년대 중반, 록펠러가의 사업체는 287개로 자본금이 449억 달러에 달함. 미국에서 가장 높은 교회인 뉴욕의 리버사이드를 비롯해 4,928개의 교회를 건축했고 시카고 대학 등 12개의 종합대학과 12개의 단과대학 및 연구소를 지음. 1937년 98세로 영면함. 몹시 아낀 유품 중 초등학교 동창들의 단체사진에는 록펠러 자신이 없음. 사진을 찍기 전 선

생님과 사진사가 옷차림이 너무 남루하다는 이유로 제외. 33세에 백만장자, 43세에 세계 제일부자, 53세에 탈모증과 소화 장애를 앓음, 새벽 응접실에서 성경을 읽다가 누가복음 6장38절 "주라 그리하면 넘치도록 주리라"에 감동하고 고등교육을 받지 못했지만 경제의 흐름을 정확히 읽어냄. 뉴저지 스탠더드 오일은 엑슨으로, 뉴욕 스탠더드 오일은 모빌로 됨. 록펠러 가문은 10대 산업체 중 6개, 10대 은행 중 6개, 10대 보험사 중 6개를 소유함(엑슨 모빌, GM, 포드, 크라이슬러, IBM, FNCB, CHASE, 록히드 마틴, F-16, F-22, F-35, FedEx, GE, US스틸 등).

록펠러센터

* 록펠러 어머니의 가르침

1. 십일조 생활을 해야 한다.
2. 교회에 가면 맨 앞줄에서 예배할 것
3. 교회 일에 순종, 목사님의 마음을 아프게 하지 않는다.

록펠러는 살아생전 십일조를 일전도 떼어 먹지 않았다 함. 십일조만 수 백만 달러가 되었는데 계산하는 사람이 40여 명이었다 함.

* 존 아치볼트

록펠러가 물러난 후 스탠더드 오일의 2대 CEO가 됨. CEO가 되기 전 그는 출장으로 호텔을 찾을 때 마다 항상 '1 배럴당 4달러, 스탠더드 오일'을 서명 다음에 적음.

13
카네기(1835-1919, 84세)

섬유직물 기술자의 아들로 태어나 기계공과 전보 배달부, 전신기사 등을 거쳐 펜실베이니아 철도회사의 피츠버그지사 책임자로 온 토마스 스콧의 조수가 되어 그의 주식투자 권유로 침대차 회사에 투자하여 큰 이익을 얻고 계속 철도 기자재 회사, 운송회사, 석유회사 등에 투자하여 크게 성공함. 그 후 철강회사들에 투자하다가 1873년 제철소를 세움. 1883년 홈스테드 제철소 매입. 기업 합병의 붐이 일자 1892년 제철소를 중심으로 석탄, 철광석, 광석 운반용 철도, 선박 등에 걸쳐 세계 최대의 철강트러스트를 형성함. 1900년 카네기 스틸이 생산한 강철은 미국 전체 생산량의 25%. 1870년대 초 철강 가격 1톤당 1백 달러를 새로운 설비의 도입과 개선(베서머 공법, 평로법)으로 1890년대 말 1톤당 12달러로 함. 1900년 카네기 공장 한 파트에서 12명의 노동자 하루 생산량 3천 톤은 1850년 피츠버그의 철강공장 한곳의 1년 생산량과 맞먹는 수준이었음. 1901년 카네기 철강을 4억 4천만 파운드에 모건에게 매도함. 모건은 자신회사와 합하여 US스틸을 탄생시킴(미국 철강 시장의 65%). 1902년 당시 천문학 액수인 1천만 달러 기부로 공공도서관을 건립함 (미국 전역에 2,500개). 카네기 회관, 카네기 공과대학, 카네기 교육재단 등에 3억 달러 이상 기증하고 카네기 멜론 대학교를 설립함. "사업가는 인생을 2기로 나누어, 전반기에는 부를 축적하고 후반기에는 축적된 부를 사회복지를 위하여 투자해야 한다.", "부자로 죽는 것은 치욕스럽게 죽는 것이다."라고 말하고 카네기의 묘비에는 "여기 자신보다 더 우수한 사람을 부하로 삼아 자신의 목적을 달성하는 방법을 아는 한 인간이 누워있다."로 기록함.

카네기

* **카네기의 평생 소장 그림**

강철 왕 카네기 사무실의 한 벽에 낡은 커다란 그림 하나는 '커다란 나룻배 하나와 배를 젓는 노'가 썰물 때 밀려와 모래사장에 걸려 있음. 그 밑에 '반드시 밀물 때가 온다.'가 기술되어 있음. 카네기 젊은 시절 세일즈맨 때 보고 28세 때 소유한 할아버지 찾아 돌아가시거든 달라고 부탁하였다 함.

* **걱정**

"걱정을 해서 걱정이 없어지면 걱정이 없겠네."

-티베트 속담-

"걱정은 흔들의자와 같다. 계속 움직이지만 아무 데도 가지 않는다."

-미 작가 윌 로저스-

* 지멘스(1816-1892)

독일의 전기공학자로 전신산업발전에도 중요한 역할을 함. 1843년 전기도금 기술을 발명해 영국에 판매함. 1847년 회사 설립, 20년 후 기계에너지를 전기에너지로 전환, 전기의 시대를 만듦.

* 미국의 생산력

1923년 미국 제품이 세계 산업생산의 36%, 독일 16%, 영국 14%였음. 미 30대 대통령 캘빈 쿨리지는 '공장을 짓는 것은 교회를 짓는 것이나 마찬가지이며 공장에서 일하는 것은 예배를 보는 것과 같다.'고 함.

* 클라렌스 대로우

미국 역사상 가장 위대한 변호사, 1894년 7월 4일, 철도 노동자 12만 5천 명이 파업할 시 군대와 노동자 충돌로 13명이 사망하자 노스웨스턴 철도회사의 변호사인 그는 현장을 직접 목도 하고 '자유와 평등은 종이 위에 쓰인 원칙에 불과한가?' 하며 부러워하는 철도회사의 변호사 직을 사임하고 체포된 노조위원장 변호를 결정함. 남다른 지혜와 용기, 의지력으로 법조인의 정신을 실천한 인물, "약자와 강자의 싸움에서 내 목숨이 붙어 있는 한 영원히 약자의 편에 설 것이다."라고 함, 1902년 5월 미국 펜실베이니아 서부의 무연탄 광산에서 15만 명이 임금인상과 노조의 합법적 지위인정 요구 시 루즈벨트 대통령은 중재위원회 구성 시 클라렌스 대로우도 위원으로 지정함. 그는 인권이 재산권보다 우월 주장, 파업 주도한 이들을 무죄 판결하고 노동시간 9시간으로 단축, 임금 10%인상에 찬동함.

* 에리히 프롬(1900-1980)

'사랑의 기술(The art of loving)'의 저자는 "사랑한다는 것은 관심, 존중, 책임감, 이해를 해주는 것이다."라고 함.

* 존 헨리 페터슨(1844-1922)

현대 세일즈맨의 아버지임. NCR은 금전등록기를 거의 독점적으로 공급하고 있었으며 패터슨은 판매원들에게 고객 설득방법, 화술, 경쟁자를 깎아 내리는 방법 등을 훈련시킴. 세일즈맨들의 자유분방한 개성을 휘어잡는 방법을 알고 있었고, 독점사업이 제공할 수 있는 부와 고용안정으로 그들을 회유하였으며, 군대의 훈련에 영향을 미쳤고, 전도사들에게도 큰 영향을 미침.

* IBM의 토마스 왓슨(1874-1956)

패터슨의 제자, 1912년 패터슨과 왓슨을 포함 30여 명이 경쟁제한과 독과점법 위반으로 기소된 후 NCR을 나와서 1896년 설립한 CTR(헤르만 홀러 리스 천공카드를 이용한 계산기 발명)을 찾아가 CTR의 최고 경영자로 임명해 주고 순이익에서 5%를 배당해 줄 것을 제안함. 왓슨이 경영에 가담한 후 1917년이 되자 CTR의 수입은 420만 달러에서 830만 달러로 됨. 종업원들에게 종신고용을 약속하고 1924년 회사명을 IBM으로 변경함. 1935년에는 2,600만 명의 미국인의 고용기록을 위한 시스템이 필요하자, 1947년 '선택적 연속전자계산기'를 개발하여 IBM의 수입을 1억 1,900만 달러로 올림, 왓슨 2세가 1956년 42세의 나이로 CEO에 오르면서 1962년 매출액 10억 달러를 기록하고 컴퓨터 시장 점유율 59%를 초과함.

미래에 대한 비전 제시

첫째, 개개 직원들을 충분히 배려하라.

둘째, 고객의 행복을 위해 많은 시간을 소비하라.

셋째, 업무에 전력을 다하라.

14
듀폰의 나일론 개발

1802년 화약 공장으로 출발한 듀폰은 남북전쟁 동안 폭약을 제작, 관련기업을 합병하고 화약산업을 화학 산업으로 확장함. J.P. 모건과 함께 GM을 경영. 1903년 세계 최초 기업연구소를 창설. 1928년 하버드대학과 MIT에 재직하던 월리스 캐러더스 박사를 영입(모든 조건 수용)하고 1936년 캐러더스 연구팀은 나일론 원료인 '나일론 66'을 개발함(듀폰 2,700만 달러 투자, 7년 간 연구). 1938년 나일론을 개발하고 2차 대전시 낙하산, 로프 등 군수품으로 사용. 스타킹, 속옷, 자동차 타이어 시장을 창조함. 1950년 폴리에스테르 개발 등 끊임없는 기술개발과 시장의 창출로 200년 이상 생존하고 있음.

듀폰

15
일본 근대화의 기수들

* 시부사와 에이치(1840-1931)

1916년 '논어와 주판'이 발행되자 폭발적인 반응(백성을 부유하게 하려면 경제를 발전시켜야 함)을 얻음. '사혼 상재'(선비와 같은 절개와 도덕 그리고 상인으로서의 재능을 겸비해야 함)를 주장하고 "상업은 개인이 아닌 사회를 위한 것이다. 공익이 곧 개인의 이익이며 개인의 이익은 공익을 만든다."라고 함. 상인이 존경받는 사회를 만들고자 노력함. 1931년 시부사와 에이치 세상 떠날 시 황실 사람들과 정부 고위관리들도 크게 애도함.

* 후쿠자와 유키지(1835-1901)

만 엔권 지폐의 초상이 됨. 학교를 세워 경제사상을 전파하고 '학문의 권장'(340만 부 판매), '서양사정', '문명론 개략'을 저술하고 경응의숙(게이오 기주쿠 대학)을 개설함.

일본 만엔권

* 마쓰시타 고노스케(1894-1989)

1932년 5월 5일 직원 162명 앞에서 '수돗물 경영 철학'을 선포하고 창업원년, 창립일로 삼음. 그는 주주의 이익 극대화가 아니라 사회와 국가에 대한 이익 환원을 회사의 첫 번째 목표로 삼음. 개인과 회사의 운명을 동일시함(유럽과 미국은 근본적으로 개인주의를 중시). 국가에 헌신, 충성하며 용감하게 자신을 희생하는 사무라이 정신을 강조함. 최초로 고안한 종신고용제와 연공 서열제, 1930년 세계적인 불황 시, 마쓰시타는 "직원을 한 명도 해고하지 않겠다. 근무시간을 절반으로 줄이고 월급도 전액 지급하겠다. 그 대신 모두 재고품 판매를 위해 전력을 다해야 한다."고 선언하자 결과는 예상 밖, 전 직원의 노력 덕분에 역대 최고의 매출을 올림. 세 가지 은혜 "1. 가난 속에 태어났기 때문에 부지런히 일했다. 2. 약하게 태어났기 때문에 건강의 소중함을 일찍 깨달았다. 3. 초등학교를 4학년으로 중퇴하였기에, 이 세상 모든 사람들을 나의 스승으로 삼았다."를 받았다고 밀힘.

* 이나모리 가즈오(1932-)

교세라 창업자, 27세에 창업한 교세라와 52세에 설립한 다이니 덴덴(현 KDD) 모두 500대 기업으로 성장함. '사람을 사랑하고 모든 직원을 아끼는 것을 회사 경영의 목표로 정하고, 모든 직원의 물질적, 정신적 행복을 실현시키는 것'을 회사의 핵심 이념으로 삼음. "사람의 마음은 변하기 쉽다. 하지만 이 세상에서 사람의 마음보다 강한 것은 없다."함. 유교문화의 관점에서 세계 시장에 대응, '경천애인'을 사훈으로 조회시간에 교세라의 철학을 낭독하고 창업 후 적자를 낸 적이 없음. '매출 최대화, 경비 최소화, 고수익 기업이 될 것' 이라는 강한 열망을 가질 것을 강조함.

* 일본 근대화 주역들의 사상

시부사와 에이치든 마쓰시타 고노스케든 기업발전에 따른 이익은 궁극적으로 국가와 사회, 민중에게 적극적으로 환원되어야 한다는 '공익이 곧 개인의 이익이다.'라는 철학을 고수하였음.

* 일본 성공의 비결

1. 세계 최고의 제품생산
2. 근검, 절약, 저축하는 국민
3. 엘리트 관료(이와쿠라 도모미를 단장으로 1871-1873년까지 2년간 미국과 유럽을 돌면서 나라의 제도와 사회, 정치를 배우고 봄)
4. 규격제품 대량생산
5. 삼인 일각(정, 경, 관의 밀착)
6. 회사는 가정이다(독특한 고용제도, 연공서열, 종신고용제, 잇쇼겐메이).
7. 좋은 것은 기꺼이 취한다(아이도고리), 탈아입구: 아시아를 벗어나 유럽화한다.

* 일본기업 침체원인

집단주의를 과도하게 강조한 가치관이 개인의 능력발휘를 억제, 기업의 혁신과 활력을 저하시킴.

16
덩샤오핑(등소평 1904-1997, 92세)

150cm의 키, 1933년 모택동 주장 옹호하다가 좌경 세력에 의해 모든 직위에서 파면됨. 1966년 문화대혁명 시 유소기에 이어 연금, 1976년 주은래 사망 후 천안문 사건 발생 시 배후 인물로 지목되어 모든 직위에서 파면됨.

1982년 중앙정치국 상무위원, 공산당 중앙군사위원회 주석, 흑묘백묘론, 기지, 용기, 인내심이 강함, 18세에 프랑스 유학하여 칼 마르크스를 접함. 공산당 지하운동에 참여, 모택동 지지, 대장정 참여, 팔로군 정치위원이 됨. 1949년 장강도하작전 지휘, 중국 인민공화국 수립에 공헌함. 1952년 정무원 부총리, 정치국 위원, 1966-1976년 문화혁명으로 유배지에서 연금되고 아들은 홍위병 학우들이 아버지의 잘못을 인정하라는 고문에 시달리다가 창문에 뛰어내려 평생 불구로 살게 됨. 문화혁명에 대해 '나쁜 일이지만 따지고 보면 좋은 일', '사람들의 사고를 촉진하고, 우리들의 단점을 인식하게 해 주었다'고 말함. 낙천적 성격의 소유자이고 1978년 5월 주요 인재를 서유럽 5개국에 시찰 보냄. 노구를 이끌고 미국 일본 등을 방문함. 닛산 자동차 방문 후 측근들에게 "이곳의 노동생산율은 장춘 데일 자동차회사의 수 십 배에 이르는군" 이라고 함. 중앙고문위원회를 만들어 권력에 물러나 젊은 지도자를 키우고 조언만 함. 1978년 개최된 11기 3중 전회에서 중국의 개혁, 개방(1. 농민에게 토지 경작권 부여 2. 민영기업 허용 3. 경제특구 지정 4. 회사법 제정 5. 고용계약제 도입)을 결정하고 '화평발전'으로 450만 명 인민해방군 수를 100만 명으로 감축함. 덩샤오핑은 1987년 중국공산당 중앙위원회에서 사직함으로써 개혁에 반대하는 연로한 당 지도자들의 은퇴를 유도하면서 군사위원회 주석 직은 유지함. 1989년 은퇴. 1992년 개혁파 주룽지 부총리 등을 선출하고 개혁 개방정책을 지속함. 24자 방침(냉정 관찰, 온주진각, 침착 대응, 도광양회, 유소작위, 절부당두: 냉정하게 관찰하라, 입지를 확고히 하라, 침착하게 대응하라, 능력을 감추고 때를 기다리라, 할 일이 있으면 피하지 마라, 결코 지도자의 자리를 요청하지 말라)을 정함.

등소평

강택민(1989-2002)이 계승, 경제발전을 최우선으로 함.
후진타오: '화평굴기'(Peaceful Rise)
시진핑: '주동작위'

*** 공산주의 유머**

저우언라이와 류사오치가 마을의 장로를 만났다.

류사오치: 마을에 18세 이상의 처녀가 있는가?"

장로: "없습니다."

류사오치: "그렇다면 16세 이상의 처녀는 있겠지?"

정로: "없습니다."

저우언라이: "류사오치 동지, 이 마을은 마오 주석이 한번 왔었나 보오."

*** 중국 공산당원(2022년)**

중국공산당원 9,101만 명 → 전국대표대회 대의원 2,280명 → 중앙위원 204명 → 정치국원 25명 → 정치국 상무위원 7명 → 총서기

17
미하일 고르바초프(1931-2022)

국립 모스크바대 법학부 재학 중 공산당 입당, 안드로 로프에게 그의 주위에 있는 술고래들인 관료들과 달리 술을 멀리하고 아첨을 몰라 도리어 장점이 되고 하루 10시간 이상의 근면한 근무자세로 최연소 정치국원이 됨. 서기장이 되기 전에 세 명의 서기장이 1년에 한 명씩 사망하자 54세에 서기장(역사상 최초의 혁명 이후에 태어난 서기장)이 됨. 정치국 농업 담당 서기로 있다가 1985년 당 서기장이 되고 글라스노스트 / 페레스토로이카(개방 개혁정책), 민주화시도, 시장경제요소 도입(관료들의 저항과 민중의 개혁에 대한 첨예대립이 있었음)을 외침. 대외적으로 사상 최초로 서방세계와의 군비 축소와 평화무드를 조성하고 냉전을 종식함. 1960년 수정주의 논쟁이후 등소평과 화해함. 1989년 베이징 방문, 브레즈네프 닥트린 폐기, 몰타에서 조지 부시와 냉전의 공식적인 종결을 선언하고 1990년 노벨 평화상을 수상함. 1990년 공산당 일당독재를 폐지하고 대통령(소련 최초, 최후)에 취임함. 급진적인 전면적 시장경제 도입이 경제를 더욱 악화시키고 급속히 단행된 정치개혁은 군부와 관료들의 반발과 사회적 분야의 불만이 한꺼번에 터져 나옴. 군을 제대로 장악하지 못하자 1991년 8월 18일 소련 보수파가 쿠테타를 일으켜 고르바초프를 제압하였으나 민심이 떠난 상황에서 보리스 옐친이 주도하는 급진세력의 반격(탱크위의 연설)으로 쿠데타는 실패함. 고르바초프는 공산당 해체 및 소련 연방 유지방안을 제시하나 각 공화국들의 연이은 독립선언으로 1991년 소련은 해체됨. 즉 소련은 1917년 볼셰비키 혁명이후 1991년까지 74년(1848년 공산당 선언 후 150년)간 공산주의 방식 지속 후 고르바초프가 시장 자유주의 학자 제프리 삭스(당시 하버드대 교수)를 기용 시장경제를 시작한 것임. 2000년 출마 시는 1% 득표율을 얻음. 개혁, 개방정책이 실시된 이후 런던에는 30만 명이 넘는 러시아인이 거주(런던 그라드)하고 러시아 신문이 4종류, 2011년 한 해 런던 100대 로펌들은 러시아인을 위한 소송에서 80억 달러 수입이 있었다고 함.

고르바초프

* 세계의 지명

실론('실론티'로 유명)은 1972년에 스리랑카('크고 밝게 빛난다'는 뜻)로 바뀌고, 봄베이는 약 500년 전 뭄바이를 정복한 포르투갈 사람들이 '봄바이아'로 부른 것이 봄베이로 부르게 되었으며 뭄바이 시의회는 1995년부터 뭄바이로 부르기로 선언했음. 캘커타는 영국이 인도를 지배할 당시 수도였는데 결국 2000년에 콜카타라는 벵골어 지명으로 바뀜. 파키스탄, 우즈베키스탄, 카자흐스탄의 '스탄'은 페르시아어로 '나라, 지역'을 뜻함. 파키스탄은 '신성한 땅'.

네덜란드는 '낮은 땅'이라는 뜻(홀란드는 '높은 땅'이라는 뜻으로 네덜란드 전부를 가리키지는 않지만 이렇게 불리기를 좋아함.)

* 앙드레 지드(1869-1951)

프랑스의 노벨문학상 작가, 지드는 한때 공산주의를 지지하며 "공산주의에 대한 나의 신념은 종교적 신념과 같다. 그것은 인류를 위한 구원의 약속이었다." 고 말함. 하지만 소련 작가동맹의 초청으로 1930년대 소련을 돌아보고 나서 공산주의에 대한 환상에서 깨어났음. 1936년 '소련기행'에서 공산주의 폐쇄성과 획일주의를 통렬히 비판해 좌파 언론계의 비판을 받고 사회주의자 친구들을 잃음.

* 베를린 장벽

1961년 45km의 콘크리트로 베를린 장벽 쌓음. 300개 이상의 감시탑에 1만 4,000명의 병사를 배치함. 1989년에 동독은 장벽을 허물기로 결정함. 장벽이 세워진 28년간 187,868명이 동독에서 서독으로 넘어감. 985명의 동독 사람들이 국경을 넘다가 사망했음.

* **베트남전쟁**

1965-73년, 남베트남 지원에 미군이 개입함. 1965년 폭격개시, 1966년에는 54만 명으로 지원하고 1967년 4,500기의 항공기, 3,500대의 장갑차 동원에도 불구하고 1973년 베트남에서 철수하게 됨. 1975년 사이공이 함락됨. 3,000만의 베트남인 중 360만 명이 살해됨.

---

* **이슬람 복장**

히잡: 머리카락을 가리는 스카프
니카프: 눈을 제외한 얼굴을 완전히 가림
차도르: 얼굴을 내 놓고 머리부터 발끝까지 가리는 복장
부르카: 온 몸을 완전히 가리는 복장(안에 '샬와르 커미즈'를 입음)

* **순례인구**

하지 때 메카 방문 순례인구 200만 명, 아락 나자쁘의 '이맘 일리 사원'과 카 라빌라의 '이자맘 후세인 사원'에는 500만 명 이상 방문함.

* **중국의 대기업**

바오위강: 1978년 선박 2000만 톤 급 함대를 거느린 세계적인 선박 왕
중국천연가스그룹: 2010년 파이낸셜 타임스 선정, 세계 500대 기업에서 1위
BYD: 2010년 비즈니스위크 선정 세계 100대 IT 기업순위 애플, 아마존 제치고 1위

* 토막 상식

인류의 부: 인류가 가진 부의 97%가 역사의 0.01%인 최근 250년 동안
　　　　　만들어짐.

스위스: 인구 650만 명 중 100만 명이 외국인

유태인: 1973년 통계에 의하면 독일 내 유태인은 3만 명 미국에는 약 7백 만 명

아이비리그 대학들의 신입생 규모: 약2만 7천 명, 미국 전체 신입생 규모 3백만 명의 1% 이하

하버드대학: 입학에 7천 명 지원, 2천 명 선발

웨스트포인트 육군사관학교: 최고의 비즈니스 스쿨(가장 효율적인 조직, 관리)

인생십년: 87,600시간, 80년: 700,800시간

* 현대 최고의 공로자

영국의 철학자 버트런드 러셀(1872-1970)은 현대에 가장 두드러진 공을 세운 사람으로 경제에서는 록펠러와 정치에서는 비스마르크(현대 자본주의 체제와 관료제, 국가체제를 이룩하는 데 기여)를 말함.

* 세계 경제

1949년 미국의 금 보유량은 246억 달러에서 1970년 111억 달러로, 1971년 닉슨 대통령 금, 달러 교환 일시정지, 1973년 각국 변동환율제를 채택, 1995년 WTO 설립, 제2차 대전 후 석유 1배럴에 2달러, 1980년 말 32달러, 동서독 통일로 2년 동안 혼란으로 400만 명의 실업자, 통일비용 1조 마르크 예상했으나 실제 2조 마르크(950조 원) 발생함.

18
최고의 작가들

* 윌리엄 셰익스피어(1564-1616, 52세)

잉글랜드 중부 소읍 스트래퍼드 어폰 에이번에서 태어남. 아버지는 부유한 상인으로 피혁 가공업과 중농에 종사하였으나 1577년부터 가운이 기울어 학업을 중단하고 1580년 후반 경에 런던으로 와서 극계를 양분하는 궁내부장관 극단의 간부 단원으로 있다가 전속 작가가 되고 조연급 배우로도 활동함. 극작가 활동기간은 1590년-1613년까지 약 24년간(엘리자베스 1세 여왕 치하에서 국운이 왕성, 고도의 창조적 잠재력이 요구되던 시기)이었음. 탁월한 언어 구사력과 무대예술을 대상으로 한 타고난 감각, 다양한 경험, 인간을 대상으로 한 심오한 이해력이 위대한 작가로 만듦. 뛰어난 교육을 받지 못하였으나 자연 그 자체에서 깊은 생각과 탁월한 지식을 수집한 자로 그 세대 최고의 희곡가로 불림. 18세에 26세인 앤 해서웨이와 결혼, 딸 수잔나와 쌍둥이 햄릿과 주디스가 태어난 후 곧장 고향을 떠남. 1590년경에 배우, 극작가, 극장 주주로 활동함. 극작가로 활동한 1590-1613년까지 24년간 희극과 비극을 포함해 37편을 발표, '헨리 6세'는 공전의 흥행을 함. 생진에 엘리자베스 여왕은 "국가를 넘겨주는 때에도 셰익스피어 한 명만은 못 넘긴다."고 함. 고향 성트리니티 교회에 묻힘. 흉상 아래에는 '판단은 네스터와 같고 천재는 소크라테스와 같고 예술은 버질과 같은 사람, 대지는 그를 덮고 사람들은 통곡하고 올림퍼스는 그를 소유한다.'로 기록됨. 작품 수는 각본이 37편, 소네트가 154편임. 비평

셰익스피어

가 토마스 칼라일은 "영국 식민지 인도와 바꿀 수 없다"함. 동시대의 극작가 벤 존슨은 "당대뿐만 아니라 만세를 통해 통용되는 작가"라고 함. 인간 심리의 통찰에는 비할 수 없는 넓은 안목이 있었고 완성 과정에 있었던 근대영어의 잠재력을 극도로 발휘하여 시극미의 최고를 창조했음. 사무엘 존슨의 평은 "보편하는 자연을 올바르게 재현하는 것 외에는 아무것도 많은 사람을 오래도록 즐겁게 할 수 없다. 그는 어느 작가보다 자연의 시인이다. 즉 그는 독자에게 삶과 세태의 모습을 세밀히 비추는 거울을 들어 보이는 시인이다."라고 함. 4대 비극은 원숙기인 1600-1606년에 창작함.

- 햄릿: 주인공의 사색과 행동, 진실과 허위, 양심과 결단, 신념과 호의 등의 틈바구니에서 삶을 초극해 보려는 인물의 모습을 그림.
- 오셀로: 흑인 장군인 주인공의 아내에 대한 애정이 악역 이아고의 간계에 의해 무참히 허물어지는 과정을 그리고 인간의 신뢰가 돋보이는 작품.
- 리어왕: 혈육 간 유대의 파괴가 우주적 질서의 파괴로 확대됨을 그림.
- 맥베스: 권력의 야망에 이끌린 무장의 왕위 찬탈과 그것이 초래하는 비극적 결말을 공포와 더불어 공감을 줌.

셰익스피어에 대한 대대적인 숭앙은 19세기 초 낭만파 시인 콜리지, 찰스 램, 해즐릿 들이 그를 재평가함.

* 셰익스피어의 인생교훈

1. 늙음을 즐겨라. 학생으로 계속 남아 있으라. 배움을 포기하는 순간 우리는 폭삭 늙기 시작한다.
2. 과거를 자랑하지 마라. 처량해진다.
3. 젊은 사람과 경쟁하지 말고 그들에게 용기를 주고 함께 즐겨라.
4. 부탁받지 않은 충고는 굳이 하려고 하지 마라.
5. 삶을 철학으로 대체하지 마라. 로미오가 한 말을 기억하라. 철학이 줄리엣을 만들 수 없다면 그런 철학은 없애 버려라.
6. 아름다움을 발견하고 즐겨라.
7. 늙어 가는 것을 불평하지 마라. 가엾어 보인다.
8. 젊은 사람에게 재산을 넘겨 주지 마라. 두 딸에게 배신당한 리어왕처럼 춥고 배고픈 노년을 보내며 죽게 될 것이다.
9. 죽음에 대해 자주 말하지 마라. 죽음보다 확실한 것은 없다. 그때까지 삶을 탐닉하라.

* '오셀로' 공연

1909년 미국 뉴욕에서 '오셀로'를 공연했을 때 극중 악당인 이아고의 역할을 맡은 배우의 뛰어난 연기로 이아고의 교활함을 보여주고 극중 이아고의 농간에 오셀로가 아내를 목 졸라 죽이는 장면이 나오자 공연을 보고 있던 군인이 갑자기 총을 뽑아 이아고 역할의 배우를 쏘았음. 군인이 정신을 차렸을 때 이미 배우는 사망한 뒤였고, 뒤늦은 후회에 군인은 그 자리에서 자살하고 말았음. 사람들은 배우와 군인을 함께 묻고 묘비에 이렇게 적었음. '이상의 배우와 이상의 관객이 이곳에 잠들다.'라고 함.

* **연상의 여인과 결혼한 유명인**
- 무함마드: 15세 연상의 부유한 상인의 미망인 하디자와 결혼
- 디즈렐리: 33세에 12세 연상의 미망인 메리인과 결혼
- 셰익스피어: 18세에 8세 연상인 앤 해서웨이와 결혼

* **괴테(1749-1832, 82세)**

자연연구가(과학에 관한 저술 14권), 미술가, 시인, 비평가, 언론인, 자신의 바이마르 공국에 봉사한 정치지도자. 후세에는 자유에의 의무, 낯설고 이질적인 것에 대한 긍정심, 존재하는 것에 대한 감사함, 그리고 장래의 것에 대한 비판적 개방성을 가르쳐 준 현인. 실러, 바그너, 뮐러 등과 함께 '슈트럼 운트 드랑(질풍노도)'기(감정해방과 독창, 천재를 부르짖으며 그리스적 조화미와 고전주의 정신을 추구)의 대표 작가. 괴테는 마리엔바트에서 1821년 72세에 17세의 레페초브를 보고 사랑에 빠져 여러 가지 선

괴테

물을 주는 등 가까이 하며 19세가 되던 1823년에 청혼(74세)하였으나 아들의 강한 반대로 무산되고 실연 후 '마리엔바트의 비가'(1823)를 씀. 염문을 뿌린 여인들은 베티나(흠모했던 막시밀리아네의 딸) 등 상세히 알려진 인물만도 10여 명이 넘음. 대표작 파우스트는 서유럽의 민담 및 문학에서 가장 오랫동안 내려오

는 전설가운데 지식과 권력을 위해 악마에게 자신의 영혼을 판 독일의 마법사 또는 점성술사가 주인공. 실제 파우스트는 두 사람으로 추정, 1540년경에 죽었고, 마술과 연금술, 점성술과 예언, 신학적 연구와 악마의 연구, 마법과 심지어 남색 등으로 뒤얽힌 전설을 남김.

소설속의 파우스트는 마지막에 선을 바라는 의지를 갖고 보다 높은 수준의 인간으로 승격하고 이 세상의 죄는 범할지라도 내면적인 자아실현의 욕구에 따라서 행동하는 사람은 순수한 마음과 순수한 행동으로 신에게 용납될 수 있다고 함. 파우스트 증후군: 다양한 인생을 편력, 체험하면서 자기의 가능성을 무한히 확대하려는 충동, 영원의 여성에 의해 이상의 궁극으로 향상하려는 욕망 두 가지를 뜻함.

"무언가 큰일을 성취하려고 한다면, 나이를 먹어도 청년이 되지 않으면 안된다."라고 함.

* 톨스토이(1828-1910)

톨스토이는 러시아 백작의 넷째 아들로 태어났으나 어려서 부모를 잃고 친척집에서 자람. 학력은 카잔대학교 법학과를 중퇴함. 도스토엡스키, 투르게네프와 함께 러시아를 대표하는 작가로 '전쟁과 평화', '안나 카레니나', '부활' 등의 작품 을 냄. '안나 카레니나'는 2007년 영어권 작가 125명

톨스토이

이 역사상 최고로 뽑은 작품으로 도스토엡스키는 '완전무결한 예술작품'으로 극찬하였으며 '행복한 가정은 모두가 서로 비슷하지만 불행한 가정은 저마다 다른 방식으로 불행하다.'로 시작함. 주인공 안나를 통해 사랑과 질투, 욕망, 용서와 분노, 삶과 죽음 속에서 인간과 사회가 지닌 양면성의 한계를 극단적으로 드러내고 있음. 톨스토이의 작품 중에서도 대중적, 문학적으로 정점에 이른 소설로서 세상사의 모든 드라마를 함축한 것으로 평가함.

* 톨스토이의 10훈
1. 일하기 위해 시간을 내십시오. 그것은 성공의 대가입니다.
2. 생각하기 위해 시간을 내십시오. 그것은 능력의 근원입니다.
3. 운동하기 위해 시간을 내십시오. 그것은 끊임없이 젊음을 유지하는 비결 입니다.
4. 독서하기 위해 시간을 내십시오. 그것은 지혜의 원천입니다.
5. 친절하기 위해 시간을 내십시오. 그것은 행복으로 가는 길입니다.
6. 꿈을 꾸기 위해 시간을 내십시오. 그것은 대망을 품는 것입니다.
7. 사랑하고 사랑받는 데 시간을 내십시오. 그것은 구원 받은 자의 특권입니다.
8. 주위를 살펴보는 데 시간을 내십시오. 이기적인 삶을 살기에는 너무 짧은 하루입니다.
9. 웃기위해 시간을 내십시오. 그것은 영혼의 음악입니다.
10. 기도하기 위해 시간을 내십시오. 그것은 인생의 영원한 투자입니다.

* 톨스토이의 세 가지 질문

첫째, 이 세상에서 가장 중요한 시간은 언제인가?
둘째, 이 세상에서 가장 중요한 사람은 누구인가?
셋째, 이 세상에서 가장 중요한 일은 무엇인가? 에 대하여
이 세상에서 가장 중요한 시간은 지금이고, 이 세상에서 가장 중요한 사람은 지금 내가 대하고 있는 사람이고, 이 세상에서 가장 중요한 일은 지금 내가 대하고 있는 사람에게 선을 행하는 일이다.
인간은 그것을 위해 세상에 온 것이다. 그러므로 당신이 날마다 그때그때 그 곳에서 만나는 사람에게 최선을 다하여야 한다고 함.

---

* 명언

'신은 알고 있다, 그러나 기다린다'(God sees the truth, but waits.)
-톨스토이 〈악세노프〉-
'놀라워라, 번개를 보면서도 삶이 한 순간인 걸 모르다니'
(일본 고유의 짧은 시 형태)   -마쓰오 바쇼-
'공짜 치즈는 쥐덫에만 있다.'   -러시아 속담-
'노인이 쓸어 지는 것은 도서관 하나가 불타 없어지는 것과 같다.'

* 도스토엡스키(1821-1881)

28세에 반체제 죄로 사형집행 시 5분이 주어지자
2분은 가족과 동지들에게 작별인사를 하고
2분은 삶을 돌아보는 데(찰나의 시간들을 허송함에 대하여)
1분은 세상을 바라보는 데(차가운 칼바람도, 땅의 냉기도, 볼 수도, 만질 수도 없게 되는 데 대한 세상의 소중함) 사용함

그 때 흰 수건을 흔들며 뛰어온 사병에 의하여 집행중지가 되고 유배 생활 4년을 하게 됨. 죄와 벌, 카라마조프의 형제들, 영원한 만남 등 작품을 남김. "어디에선가 다른 피조물이 고통을 받고 있다면 내가 어떻게 행복할 수 있는가?"라고 함.

* 버지니아 울프(1882-1941)

남녀 차별로 학교 교육받지 못하고 혼자서 독학, 케임브리지 다니던 오빠가 '블룸즈버리 그룹'(소설가 E. M. 포스터, 시인이며 극작가 T. S. 엘리엇, 경제 학자 케인즈 등이 구성원) 을 만들자 그 중 한 회원 울프와 결혼함. 의식의 흐름으로 '출항', '댈러웨이 부인', '등대로', '올랜도' 등의 작품을 남김. 남편의 헌신적인 사랑에도 우울증으로 자살함. 남편이 만든 출판사는 오늘날의 호가스 출판사임.

* 베토벤(1770-1827, 57세)

베토벤

독일의 작곡가, 소년시절 궁정음악가로 활동하다가 빈으로 가서 피아니스트와 작곡가로 활동함. 1796-1800년 귀가 잘 들리지 않았고 1814년 이후에는 귀머거리가 됨. 9개의 교향곡을 비롯하여 32곡의 피아노 소나타, 16곡의 현악 4중주, 10곡의 바이올린 소나타, 오페라 등 학교 공부는 4년밖에 받지 못하고(11세에 학교 그만 둠) 스스로 문학, 철학, 역사 등 열정적으로 공부함. 1787년 17세 때 빈에서 31세의 모차르트를 만나고, 어머니 여의고, 아버지의 학대, 청각장애로 꼭 필요한 것을 갖지 못하고 독신으로 살았음. 1792년 빈에 와서 하이든과 살리에리 등의 가르침을 받음. 나폴레옹에 대한 실망, 상실의 점철, "여러분 박수를 보내라. 이제 희극은 끝났다."라는 말을 남기고 57세로 세상을 떠남. 불멸의 연인은 14세 연하 백작의 딸 '줄리아 젤렌버그'(후에 백작부인이 됨) 등이 있음. 음악은 하이든 모차르트 등 고전주의에 입각했고 동시대의 작가 괴테와 실러의 작품에 표현된 새로운 시대정신을 포괄, 인간의 자유와 존엄을 열정적으로 표현하고 낭만주의자는 아니었으나 그를 따르는 낭만주의자들의 작품들에 대해 사고의 원천이 되었음. 베토벤의 곡 중 청력 손상 후 탄생한 것으로는 1804년 교향곡 3번 '영웅', 1805년 피아노 소나타 '열정', 1808년 교향곡 5번 '운명', 1809년 피아노 협주곡 '황제', 1824년 교향곡 9번 '합창 교향곡'이 있음.

* 오라토리오

종교적인 이야기를 소재로 한 성악 및 관현악곡이며, 아리아, 레시타티브, 중창, 합창, 관현악으로 연주하는 점은 오페라와 같으나 무대장치와 연기가 없음(헨델의 '메시아', 하이든의 '천지창조').

* 칸타타(교성곡)

여러 형태의 기악반주가 있는 성악작품으로 아리아, 레시타티브, 중창, 합창이 섞임.

* 구스타프 말러(1860-1911)

"음악에서 가장 중요한 것은 혼이다"라고 함.

보헤미아 태생으로 오스트리아 작곡가이자 지휘자. 아홉 개의 완성된 교향곡과 가곡('방황하는 젊은이의 노래' 등)을 작곡함. 교향곡과 가곡의 두 성격을 띠는 '대지의 노래'가 유명함. 그는 "교향곡은 하나의 세계와 같이 모든 것을 포함해야 한다."는 생각에 따라 작곡하였고, 교향곡을 길이와 우주적이고 형이상학적인 시야 모두에 있어서 새로운 발전의 단계로 올려놓았음. 〈교향곡 3번〉은 100분 이상의 시간을 소요하고, 〈교향곡 8번〉은 천 명이 넘는 연주자에 의해 초연되었으며 교향곡 중에 가장 거대한 오케스트레이션을 갖고 있음.

〈교향곡 1번('거인')〉: 가장 짧은 작품으로 연주시간 55분 안팎, 말러 음악의 근원인 자연의 이미지, 민요적인 선율, 청춘 시절의 고뇌와 환희를 극적으로 그려 보인 '표제음악'임.
〈교향곡 2번('부활')〉: 두 명의 여성 독창자와 장대한 합창이 어우러지는 작품. 장엄하고 숭고한 감동을 느끼게 하는 작품의 주제는 '죽음과 부활'임.
〈교향곡 4번〉: 말러의 교향곡 중 가장 밝고 가벼워 부담이 덜한 곡, 특히 제3악장이 아름다움.
〈교향곡 5번〉: '운명의 극복'이라는 베토벤적인 아이디어를 기반으로 한 작품, '말러의 연서'로 알려 있는 제4악장 '아다지에토'가 유명함.

* 교향곡
소나타 형식의 긴 관현악곡, 하이든에 의해 4악장의 형식을 갖추게 되었으며, 모차르트, 베토벤에 의하여 완성되었음.

* 소나타 형식
제1부 제시부, 제2부 전개부, 제3부 재현부, 코다(Coda)로 이루어짐. 교향곡의 제 1악장은 거의 '소나타' 형식으로 되어 있고 알레그로(allegro)나 프레스토(presto), 비바체(vivace)등의 빠른 템포를 취함.

* 음악 용어
비바체(Vivace): 활기 있고 아주 빠르게
프레스토(presto): 매우 빠르게
알레그로(Allegro): 빠르게(생기있게)
알레그로 모데라토: 조금 빠르게
모데라토(Moderato): 보통 빠르기
안단테(Andante): 느리게(걷는 템포로)
라르고(Largo): 느리게
아다지오(Adagio): 매우 느리게(편안한 템포로)
안단테 칸타빌레: 느리게 노래하다시피
스케르초(scherzo): 변덕스러운
콘 브리오(Con brio): 생기있게

대위법: 가락을 대립시키는 작곡상의 한 방법. 정한가락에 대하여 한, 둘, 셋, 넷 등의 대한가락을 법칙에 의하여 배치함.

* 암보(악보 외우기)의 원리

피아니스트가 무대에서 악보 없이 연주하는 것은 약 170년 동안 이어온 전통, 피아니스트 클라라 슈만은 1837년, 리스트는 1841년부터 암보를 시작했다 함. 두 사람은 "악보를 외우면 작품에 좀 더 집중할 수 있고, 작곡가의 영감을 더 예민하게 느낄 수 있다"고 함.

* 작곡과 작품 수

모차르트 600여 곡, 베토벤 650여 곡, 바흐 2000여 곡 이상을 작곡함. 피카소는 유화 1,800점, 조각 1,200점, 도자기 2,800점, 드로잉 1만 2,000점 등

* 앙코르(encore)

연주자가 환호하는 청중에게 감사의 표시로 앙코르 연주를 하는 관습은 17세기 이탈리아에서 처음 시작된 것으로 전해짐. 당시 음악회장은 많은 청중을 수용하기 시작했고 오페라 가수 등 뛰어난 음악가들이 출현하기 시작할 때였음. 프랑스어인 '앙코르'는 주로 영어권 국가에서 사용하고, 프랑스, 이탈리아, 러시아 등에서는 '비스'(bis: 프랑스어로 '되풀이 하여')라는 말을 많이 사용함.

* 천재라고 부르지만…

모차르트: "사람들은 내게 쉽게 작품을 쓴다고 착각한다. 그렇지만 선배들의 음악 가운데 내가 연구해 보지 않은 작품은 하나도 없다."
사라사테: "37년간 하루 14시간씩 바이올린을 연습해 왔는데 사람들은 나를 가리켜 천재라고 부른다."

* **토마스 에디슨(1847-1931)**

에디슨

미국의 발명가 및 사업가, 세계에서 가장 많은 발명을 남긴 사람으로 1,093개의 미국 특허를 등록함. 후에 제너럴 일렉트릭을 설립함. 정규교육은 3개월 뿐이었으나 교사인 어머니의 열성적인 교육으로 점차 재능을 발휘하게 되었음. 어렸을 때 기차에서 사탕과 신문팔이를 하면서 화물칸에 자그마한 연구실을 차려 놓고 연구를 하던 중 연구실에 불이 나자 관계자들이 에디슨을 내 쫓으며 폭력을 행사했을 때 맞은 부분이 귀인데 그 이후로 청각장애인이 되었음. 그 후 전신기사가 되어 4중 전신기를 만들어 이를 통해 큰 돈을 벌게 되고 전신기 특허를 내고 빈 돈으로 그는 세계 최초 연구소인 멘로파크 연구소를 만들어 발명을 계속하였음. 발명품으로는 백열전구, 자동 발신기, 축음기, 전화 송신기, 신식 발전기와 전등 부속품 등을 개발로 전기시대를 열었음. 매일 열여덟 시간 이상 일했고 잠자는 시간이 하루에 네댓 시간을 넘지 않았음.
"천재는 1%의 영감과 99%의 노력으로 만들어지는 것이다."라고 함.

* 윌리엄 깁슨(1948-)

미국 공상과학소설 작가.

"미래는 이미 와 있다. 단지 널리 펴져 있지 않을 뿐이다."

(The future is already here. It's just not very evenly distributed.)

* 미켈란젤로(1475-1564)

그는 그가 만든 피에타 상외에는 사인을 하지 않았음. 바티칸의 시스티나 성당의 천장에 '천지창조'를 그릴 시 성당의 출입을 막고 무려 4년 동안 틀어박혀 고개를 뒤로 젖힌 채 물감을 칠하는 작업을 함. 목과 눈에 이상이 생길 정도로 온 정성과 열정을 바치고 마지막 사인을 남기고 흡족한 표정으로 성당 밖을 나옴. 눈부신 햇살과 푸른 하늘, 높게 날고 있는 새들. 대자연의 모습에 탄복함. 신은 위대한 작품을 남기고도 어디에도 자신의 솜씨를 알리는 흔적을 남기지 않은 것을 깨닫고, 그는 즉시 성당으로 들어가 작업대 위에서 자신의 사인을 지워 버렸음.

* 세렌디피티(serendipity): 뜻밖의 행운

구글의 공동창업자 세르게이 브린은 "구글의 성공 요인은 세렌디피티였다."고 하고 페이스북을 만든 마크 저크버그는 "페이스북에는 뜻밖의 행운인 세렌디피티가 담겨있다."고 함. 비아그라를 만든 화학자 데이비드 브라운은 협심증 치료제 임상시험 중 복도에서 나눈 대화 덕분에 '뜻밖의 발견'으로 300억 달러의 블록버스터를 만듦. 세렌디피티는 뜻밖이기는 하지만 순전히 우연에 의한 것만은 아닌 행복하고 이로운 결과임. 루이 파스퇴르는 "관찰의 영역에서 기회는 오직 준비된 사람의 편"에 있다고 함. 피터 드러커는 "21세기 기업과 생존을 위해서는 세렌디피티가 중요하다"고 함. 세렌디피티의 원재료는 '신선한 연관성'을 찾는 습관에 빠져 드는 것, '열심히 매달리고 대담해질 준비가 돼 있다면 직접 행운을 부를 수 있다.'는 것이라 하겠음.

* 페르소나

이성과 의지를 가지고 자유로이 책임을 지며 행동하는 주체, 진정한 자신과는 달리 다른 사람에게 투시된 성격을 말함(심리학). 카를 융이 만들었으며 에트리아의 어릿광대 가면을 뜻함. 페르소나가 있기 때문에 개인은 생활 속에서 자신의 역할을 반영하고 주변세계와 상호관계를 맺을 수 있음.

* 외로움이 수명 단축

개미는 먹이를 먹으면 바로 소화하지 않고 '사회위'라는 모이주머니에 모아둔다 함. 배고픈 동료가 더듬이로 입 아래 수염을 자극하면 먹이를 도해 나눔(이때 동료로부터 먹이를 소화하는 데 필요한 장내 세균을 전달 받음). 홀로된 개미는 이런 영양교환을 못하면 문제 발생. 일개미 혼자 있으면 6일의 수명, 집단을 이루면 최대 66일까지 수명 연장이 가능하다 함. 사람도 외로움으로 조기 사망 가능성이 14% 증가하고 외톨이가 되면 심박변이가 줄어드는데 '심박변이가 줄어들면 심장질환에 걸릴 위험이 커진다.'고 함.

* **상대성 이론**

같은 것인데도 조건에 따라 다르게 관측할 수 있다는 것. 특수 상대성 이론과 일반 상대성 이론으로 나누어짐. 상대성 이론에 따르면, 서로 다른 상대 속도로 움직이는 관측자들은 같은 사건에 대해 서로 다른 시간과 공간에서 일어난 것으로 측정하며, 그 대신 물리법칙의 내용은 관측자 모두에 대해 서로 동일하다는 것. 상대성 이론은 단순한 자연법칙이 아니고 일종의 사고 체계임.

1905년 특수 상대성 이론: 단 두 개의 공준만을 바탕으로 하며 1. 진공에서의 빛의 속도는 모든 관측자에 대하여 동일하다. 2. 모든 관성 좌표계에 있는 관측자에 대해 물리법칙은 동일하다. 이론의 핵심은 '멈춰있는 물체의 시간보다 움직이는 물체의 시간이 더 느리게 간다' $E=mc^2$ 즉 에너지= 질량×빛의 속도제곱

1916년 일반 상대성 이론은 질량과 에너지가 시공간을 휘게 하고 빛을 포함한 자유 입자들이 이렇게 휘어진 공간 속에서 움직인다는 방식의 기하학적 이론. 휘어진 공간을 따라 움직이는 모든 물체는 휘어진 모양대로 움직인다는 것임.

* **성공과 실패(행복과 불행)**

톨스토이의 안나 카레니나의 시작은 '행복한 가정은 모두 비슷비슷하지만 불행한 가정은 모두 제각각의 이유로 불행하다.' 그러나 기업에서는 정반대이다. 페이팔의 창업자 피터 틸(스탠퍼드대 철학과를 나왔지만 스탠퍼드대 로스쿨 진학, 대법관 보좌관시험에 실패하고 기업가 길로 나감)은 "행복한 기업은 모두 서로 다릅니다. 다들 독특한 문제를 해결해 독점을 구축

했기 때문에, 반면에 실패한 기업은 한결 같습니다. 비슷비슷해서 경쟁에서 벗어나지 못하였기 때문입니다."라고 함.

* '청춘'
-사무엘 울만(1840-1924)- 78세에 씀
"청춘이란 어느 기간을 말하는 것이 아니라 마음의 상태를 말한다. 그것은 장미 빛 뺨, 앵두 같은 입술, 하늘거리는 자태가 아니라 강인한 의지, 풍부한 상상력, 불타는 열정을 말한다.
그것은 인생의 깊은 샘에서 솟아나는 신선함을 뜻한다."

"짧은 인생은 시간의 낭비에 의해서 더욱 짧아진다."
-사무엘 존슨-

* '백경(Moby Dick)'
허먼 멜빌의 작품, 미국의 상징주의 문학사상 최고의 걸작으로 꼽히는 작품. 고래와 인간의 목숨을 건 싸움을 아름다운 서사시적으로 그림. 선원들의 다양한 삶의 모습을 통해 우주와 인생에 대한 진정한 의미를 찾고자 함. 인간이 아무리 노력해도 이룰 수 없는 것은 우주에는 '어쩔 수 없는 힘' 즉 내제적인 힘(Immanent Will)이 있기 때문임을 상징하는 소설. 영화는 그레고리 펙이 '에이합' 선장으로 수연.

* **찬사 박수**

남성에게 - 브라보(Bravo)

여성에게 - 브라바(Brava)

여러 명(남자 또는 남녀)에게 - 브라비(Bravi)

여성 여러 명에게 - 브라베(Brave)

서양에서는 휘파람 대신 발 구르기

19
모나리자

문예부흥 시기 레오나르도 다 빈치의 작품으로 원작의 길이는 77 × 53cm로 프랑스 루브르 박물관에 소장 중임. 다빈치는 피렌체의 부유한 상인이던 프란체스코 데 조콘다의 아내를 4년간 그렸음(1503년에 시작하여 1519년에 완성했다고도 함). 당시 조콘다는 죽은 아들 때문에 깊은 슬픔에 빠져있는 아내를 위로하고자 악사를 데려다 아름다운 음악을 연주하게 했음. 그녀는 음악에 흠뻑 취할 때면 입가에 살짝 미소가 퍼졌다 함. 다빈치는 이 순간을 화폭에 담았음. 프랑스 국왕이 모나리자를 사기 위해 다섯 번이나 사람을 보내 그림을 사려고 했으나 정중히 거절했음. 나폴레옹이 집권할 당시 그는 밤새도록 '모나리자'를 감상하였으며, 때로는 반나절 동안 그림 앞에서 꼼짝하지 않은 채 바라보던 적도 있었음. 나폴레옹 3세 때 루브르 박물관으로 옮겨졌고 1911년 박물관에 근무하던 페루자라는 이탈리아인이 모나리자를 훔친 사건이 있었고 페루자는 이탈리아에서 1년 15일간 복역했고 모나리자는 다시 루브르로 돌아 왔음. 한 번은 미국의 국제적인 도둑이 모나리자를 훔치기 위해 31명의 박물관 직원을 살해한 사건이 일어났고 필리핀 출신의 두둑은 40여 명의 보안 요원들과 기술 요원을 연루시켰고 스페인 도둑은 독극물을 사용해 38명을 죽였음. 1954년 10월 모나리자가 영국에 전시될 당시 여섯 대의 비행기와 파리에서 보낸 3백여 명의 호위대가 런던으로 옮겨 왔는데 이러한 철저한 보호 덕분에 영국 수상 처칠에게 모나리자를 손으로 세 번 만져볼 수 있는 기회를 주었음. 1951년 4월에 스페인에 전시될 때에는 스페인 대통령이 직접 공항까지 마중을 나왔고, 국민들은 흥겹게 노래하고 춤추며 열렬히 환영함.

* 황금비율

황금분할이라고도 하며 길이를 가장 이상적으로 나누는 비율. 길이를 두 부분으로 나누었을 때 짧은 부분과 긴 부분의 비율이 대략 1:1.618의 비율로 이루어짐. 고대 그리스에서 발견되었는데 황금비율을 가진 직사각형은 가장 조화가 잘된 직사각형으로 알려짐. 황금비율은 건축, 조각, 회화, 공예 등에서 널리 활용되고 있으며 솔방울, 파인애플 열매, 국화의 꽃잎 등 자연 속에서도 발견될 수 있음.

모나리자

20
파블로 피카소
(Pablo Picasso 1881-1973, 91세)

20세기 서양미술의 최고 거장, 입체파의 창시자로 르네상스 시대 이후 단일 시점과 원근법을 무시하고 여러 시점에서 본 모습을 한 화면에 동시에 구현한 혁신적인 작품으로 회화의 역사를 바꿈. 1831년 스페인 말라가에서 태어나서 화가이자 미술교사인 아버지에게 그림을 배움. 1895년 바르셀로나로 이주하여 순수예술학교에 입학, 1897년 마드리드 왕립학교 입학, 1899년 바르셀로나로 돌아옴. 1900년 이후 파리와 바르셀로나를 오가며 작품 활동을 하다가 1904년 파리에 정착함. 1907년 '아비뇽의 여인들' 발표, 1937년 '게르니카' 발표, 제2차 대전 당시부터 정치에 적극 참여하는 예술가로 활동하다가 1973년 마지막 연인이자 두 번째 아내인 자크린 로크 곁에서 생을 마침. 1932년 작 '꿈(130-97cm)'은 피카소가 중년 시절 사귀던 28세 연하 애인 마리-테레즈 월터를 그렸고 1955년 작 '알제의 여인들(114×146.4cm)'은 2015년에 1억 7,936만 5천 달러에 거래되었음.

알제의 여인들

신고전주의: 다비드

낭만주의: 고야, 들라크루아

사실주의: 꼬로, 꾸르베

인상파: 마네, 모네, 르노아르

입체파: 피카소

* 아마데오 모딜리아니(1884-1920)

이탈리아의 화가이며 조각가, 초기에는 인상파의 영향을 받았으나 후에는 독창적인 화풍을 확립함. 힘찬 선의 구성, 미묘한 색조와 중후한 질감 따위가 특색, 우수가 깃든 초상화와 나부상(30여 점)을 많이 그림. 작품에는 '누워 있는 나부', '꽃 파는 여인' 등이 있음. 22세에 파리로 건너와 화가로서의 성공을 열망하고 33세에 14세나 어린 제자 잔 에뷔테른을 만났으나 1920년 36세에 결핵성 뇌막염으로 세상과 결별. 모딜리아니가 세상을 떠난 다음날 잔은 임신 9개월의 몸으로 뱃속의 아이와 함께 아파트 6층에서 뛰어 내려 그의 뒤를 따름. 그의 그림에는 특유의 긴 목선과 눈동자가 없는 독특한 얼굴, 부드러움을 잃지 않는 선과 색으로 많은 사람들의 주목을 받음.

* '누워 있는 나부'

모딜리아니의 '누워 있는 나부'는 2016년 뉴욕 그리스티 경매에서 1억 7천 40만 달러(1,972억 원)에 낙찰, 2015년 파블로 피카소의 '알제의 여인들' 1억 7,936만 5천 달러(약 2,010억 원) 다음으로 사상 2번째 가격을 형성함.

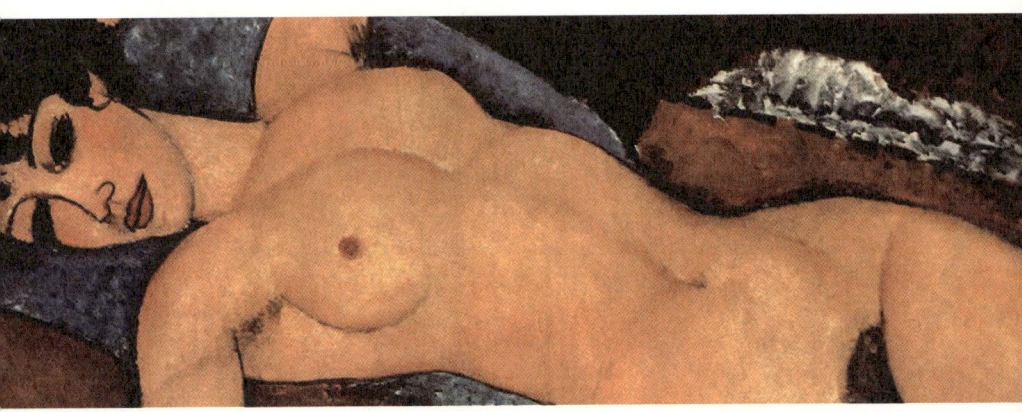

* **구스타프 클림트(1862-1918)**

대표작은 키스(The kiss 1907-1908 제작), 클림트는 오스트리아 빈 교외 바움가르텐에서 출생, 14살에 응용미술학교에 입학, 동료 마취, 동생 에른스트와 함께 '미술가 조합'을 결성, 1897년 젊은 예술가들과 함께 '빈 분리파'를 창설, 56세에 심장 발작으로 생을 마감. 퇴폐적인 예술가로 비난받기도 했으나 관능의 아름다움을 생생히 표현한 위대한 예술가로 평가받음. 결혼하지 않고 사교계의 여성들과 어울림, 사후 14건 이상의 유자녀 생계비 부양 소송이 제기되 4건이 받아들여짐. 모델들에게는 금전적으로 관대했음. 그림 'The kiss'의 주인공은 자신과 정신적인 사랑을 하며 임종을 지켜준 연인 에밀리라는 해석과 부유한 금융인의 아내로 정부인 아델레 블로흐-바우어라는 설이 있음.

The Kiss

21
'시민케인'(영화)

1941년 작, 오슨 웰스의 주연, 감독, 각본 작, 흑백 영화시대의 미국 최고의 작품으로 많은 평론가들이 평가함. 이야기의 줄거리는 최고의 부, 권력과 명예의 소유자가 세상을 떠나면서 남긴 말 '로즈 버드'가 무엇을 의미하는가를 찾기 위해 유명 잡지기자가 특집을 낼 욕심으로 재벌의 기념관, 각종 자료, 주위 사람들의 증언을 청취하였으나 불가능하였음. 그러나 관객은 제나우 성의 벽난로 속에 타고 있는 버려진 썰매(어린이 용)의 로고에서 발견하게 됨. 즉 '부와 권력, 명예도 어린 시절의 동심 즉 그리움을 달랠 수는 없다'는 것을 암시하는 작품. 미국의 언론인이자 재벌인 윌리암 랜돌프 허스트를 묘사함. 허스트 캐슬은 LA 근교 센시메온에 위치, 구라파의 고성과 조각들을 가져와 28년간 건설, 허스트는 헬리콥터로 신문을 공수하여 읽었다 함.

* **'무도회의 수첩'(영화)**

1937년 작, 프랑스 영화, 감독: 줄리앙 뒤비비에로, 출연: 마리 벨, 해리 바 우어 등, 베니스 영화제 최우수 외국영화상 수상. 오랫동안 프랑스 영화 최고의 걸작으로 평가됨. 미모의 여성 크리스틴(마리 벨)은 남편과 사별 후 커다란 호수가(꼬모)의 저택에 자식도 없이 외롭게 남게 됨. 옛날의 무도회의 수첩을 꺼내든 그녀는 옛 추억의 남자들에 대한 기억을 찾아 한 명 한 명 찾아 나서 게 됨. 꽃다운 16세 소녀 시절 가슴 설레는 무도회에서 만난 남자들과의 재회의 여행을 시작함. 그러나 통상의 영화처럼 애틋한 재회를 다룬 영화가 아니고 추억의 환상이 깨어지는 모습을 그렸음(이 영화의 장점). 옛 사람들을 만난 주인공은 실망을 금치 못함. 풋풋한 시절 아름다운 젊음들은 돈밖에 모르거나 술 밖에 모르거나 폐인이 되어 있거나 그런 식이었음(암흑가의 보스, 가톨릭 사제, 읍장이 되어 하녀와 결혼, 미용실을 운영하는 남자, 불법시술을 하는 폐인 등). 만나지 못한 사람은 딱 한 사람(제라르), 이태리 호숫가 저택으로 돌아온 그녀에게 집사는 제라르의 이름을 가진 사람이 크리스틴과 마주보는 호수 건너편에 살고 있다 함. 그녀가 찾아 간 곳에는 그 옛날의 제라르가 서 있었음. 그러나 그는 제라르의 아들이었음. 그녀를 실망시키지 않은 사람은 이미 이 세상 사람이 아니어서 그 추억이 아름다움으로 남은 단 한 사람(제라르)이었던 것임. 이 영화는 "다시 돌아오지 못할 시간들에 바치는 헌사"(화가 황주리)였음.

마리 벨

* **트랜지스터**

1950년 벨 연구소가 트랜지스터 발명, 1953년 소니 창업자 아키오가 기술도입 계약체결을 하였으나 외화송금관계로 지연, 1955년 1월 트랜지스터라디오 출시(반도체 물리학자 에사키 레오나 일본 첫 노벨상 수상)하였으나 미국 기업이 한 달 전 이미 출시로 발명권을 놓침.

* 중요 상식

* JAL

1951년 필리핀에서 임차한 더글러스 DC-3 여객기 한 대와 직원 39명으로 출발함. 2008년 기준 대형 여객기 279대, 승객 4천 66만 명 수송, 세계 14위 항공사 ANA와 비교해 승객 수는 다소 적지만 국제노선 258대 33으로 우세하였음.

* 일본 기업

일본기업은 시간준수와 고효율을 추구, 절대 꺾이지 않는 정신을 가르침. 사람을 중시, 직원들의 창의력과 혁신능력을 끌어내고 고객의 목소리를 들음.

* 세계의 농작물

세계 총생산량의 80%를 차지하고 있는 작물은 곡물로는 밀, 옥수수, 벼, 보리, 수수, 콩, 감자, 마니오크, 고구마, 사탕수수와 사탕무, 바나나임.

* 남북아메리카

남북의 길이 약 14,500km, 폭이 가장 넓은 곳 약 4,800km

* 달 착륙과 뉴욕 타임즈의 사과

1969년 7월 16일 아폴로 11호 발사 4일 후 달에 진입함. 착륙선 '이글'은 미국의 상징 '흰머리 독수리'를 뜻함. 7월 24일 지구로 귀환. 1호 우주인 3명 사망, 4-5-6호 무인 비행, 8호 달 궤도, 공개된 비용만 240억 달러가 소요됨. 달에는 생명체가 없고 달의 나이 32억-46억년 정도 밝혀짐. 12-17호가 달 탐사, 12명이 탐사함. 숨은 공신 로켓의 아버지 '로버트 고더드'에게 69년 7월17일 뉴욕 타임즈는 공식 사과를 함. "우리는 잘못 했음을 공식 사과한다, 1919년 고더드가 '초 고도에 이르는 방법'이라는 연구서를 내 놓았을 시 뉴욕 타임즈는 '우주는 진공이라 박차고 나갈 공기가 없는 데 어떻게 비행하겠는가', '청소년이 배울 지식도 없는 과학자'로 맹비난한 데 대하여"

최초의 달 탐사

* **스마트 폰**

스마트 폰에는 16개 분야에 6만 개 이상의 특허가 들어가 있음. 이는 1969년 우주선으로 사람을 달에 보낼 때 사용된 기술의 총량과 맞먹음.

* **스웨덴의 국민기업**

발렌베리(Wallenberg)는 150년간 5세대를 거쳐 '존재하지만 드러내지 않는다.' 세계최대 통신업체 에릭슨, 자동차 Saab, 가전업체 일렉트로룩스, 트럭 스카니아, 제약사 Astra(위장약 'Losec') 등을 소유함.

* **국가별 1인당 GDP(2021년, IMF 발표)**

1위 룩셈부르크 13만 1,300달러

2위 아일랜드 10만 2,390달러

3위 스위스 9만 3,515달러

4위 노르웨이 8만 2,244달러

5위 미국 6만 9,375달러

6위 아이슬란드 6만 8,843달러

7위 덴마크 6만 7,919달러

8위 싱가포르 6만 6,263달러

9위 호주 6만 2,618달러

24. 일본 4만 704달러

25. 이탈리아 3만 5,584달러

26. 대한민국 3만 5,195달러

29. 중화민국 2만 9,978달러

* 국가별 GDP(2021년, IMF 발표)

1. 미국 22조 6,752억달러
2. 중국 16조 6,423억달러
3. 일본 5조 3,781억달러
4. 독일 4조 3,192억달러
5. 영국 3조 1,246억달러
6. 인도 3조 497억달러
7. 프랑스 2조 9,382억달러
8. 이탈리아 2조 1,062억달러
9. 캐나다 1조 8,834억달러
10. 대한민국 1조 8,067억달러
11. 러시아 1조 7,107억달러
12. 호주 1조 6,175억달러
13. 브라질 1조 4,917억달러
14. 스페인 1조 4,615억달러

* 세계 행복지수 순위(2022년, 유엔 발표)

1. 핀란드	9. 이스라엘	54. 일본
2. 덴마크	10. 뉴질랜드	59. 대한민국
3. 아이슬란드	14. 독일	60. 필리핀
4. 스위스	16. 미국	72. 중국

5. 네덜란드	17. 영국
6. 룩셈부르크	19. 벨지움
7. 스웨덴	20. 프랑스
8. 노르웨이	26. 타이완

* **보응우옌잡 장군(1911-2013, 102세)**

20세기 최고의 명장 보응우옌잡 장군은 프랑스군과의 디엔비엔푸 전투에서 승리 후 프랑스 식민통치를 끝냄. 베트남전쟁에서 미군 5만 8천 명이 목숨을 잃고 베트남이 130만 명이 목숨을 잃음. 보응우옌잡 장군의 전략은 다음과 같음.

1. 적의 전략, 외교, 군대를 동시에 타격
2. 심리전을 중시, 전쟁을 오래 끄는 한편 외교를 통하여 국내의 반전 여론을 조성.
3. 온 국민과 군대가 단결하여 총력전을 펼침.
4. 정규전뿐만 아니라 게릴라전을 많이 함(적이 원하는 시간과 장소에서 싸우지 않음)

* **팍스 아메리카**

우드로 윌슨의 고립주의 전통을 깨고 국제질서에 영향을 끼친 시발점은 1917년 미군을 유럽전선에 파병한 것이라 하겠음. 1945년 이후 다른 나라에 안보를 보장해 주고 협력을 얻는 동맹 체제를 통해 영향력을 행사, 문화와 정치적 가치와 대외정책 등 '소프트 파워'는 대학과 연구소, 할리우드, 팝 음악 등 민간에서 일굼. 19세기 말은 세계 최고의 산업 국가였고, 제2차 세계대전 직후에는 세계 경제력의 절반 가까이가 미국의 몫이었으나 1970년 세계경제에서 미국이 차지하는 비중은 전쟁전인 25% 안팎으로 회귀하지만 중국과 비교하면 중국은 1인당 소득 1/5, 군사력 1/10(중 항모1, 미 10척, 국방비 예산 1/4), 에너지 셰일가스로 200년간 걱정 무, 가장 혁신적인 나라로 2014년 연구개발비 4,650억 달러 지출로 세계 31%로 평가됨.

* 경주 최부자

경주 최부자 댁은 1대 최진립에서 전 재산을 사회에 기부한 12대 최준까지 만석꾼의 부를 누림.

'최부자 6훈'

1. 진사 이상의 벼슬은 하지 않으며
2. 시집온 며느리는 3년간 무명옷만 입고
3. 찾아오는 손님 후하게 대접
4. 만석 이상의 재산은 사회에 환원
5. 흉년에 땅을 사지 않고
6. 주위 백리 안에 굶어 죽는 사람이 없게 하는 것

---

* 부자

"부자가 4대까지 지속될 확률은 단 5퍼센트에 불과하다."

-피터 드러커-

* 고령화 사회

65세 이상의 인구비율이 7%이상일 경우 고령화 사회, 14%이상 고령사회, 20% 이상 초 고령 사회, 초 고령 사회 프랑스 154년, 미국 90년, 독일 77년 (선진국 70년), 일본 35년(2005년), 한국 26년이 걸림.

* 아담 스미스(1723-1790, 67세)

1737년 글라스고우대학교에서 도덕철학공부, 옥스퍼드 대학에서 장학생으로 입학 후 1746년 자퇴, 1748년 케임즈 경의 후원으로 에든버러에서 공개강좌, 당시 주제는 수사학과 순수문학을 다룬 것이었으나 이후에는 '풍요로운 진보'를 주제로 삼음. '단순 명백한 자연적 자유의 체계'라는 경제철학을 최초로 전개(20대 중반 이후).

1751년 글래스고우대학교에서는 논리학과 도덕철학교수로 임명, 1767년부터 9년 동안 '국부론' 집필. 중상주의 정책을 근본적으로 비판하고 자유방임사상에 대한 이론적 기초를 세공('보이지 않는 손'). '국부론'은 과학으로서의 경제학의 출발점이 됨.

아담스미스

22
메디치 가문

귀족을 대상으로 하는 비단 제조업과 서민을 대상으로 하는 의류 제조업으로 자리 잡음. 15세기 후반 피렌체에는 72개 은행이 각축, 그중 메디치은행이 두각, 1397년 지오반니 다 비치 데 메디치는 메디치은행을 설립하고 모직 공장 두 개와 은행을 동시 경영함. 아들 코시모는 유력 은행가인 바르디가의 딸과 결혼하고 자본력을 견고히 함. 환어음 유통과 원거리 무역상을 하면서 프랑스와 영국의 국왕 그리고 교황에까지 신용대출을 제공함. 이자가 연 40-60%였으며 유럽 전역에 메디치 은행 지점을 둠. 1419년부터 지오반니는 부의 사회 환원을 실천하기 위해 빈민구제소를 짓고 예술후원에도 적극적이었음. 코시모 역시 부의 사회 환원과 학문 진흥에 힘씀. 교회, 수도원, 병원, 복지시설을 짓거나 막대한 금액을 기부함(피렌체의 산마르코 성당, 산 로렌초 성당, 에루살렘의 병원 등), '로마제국 쇠망사'의 저자 에드워드 기번(1737-1794)은 "코시모의 이름은 르네상스와 동의어와 다름없다"라고 함. 그러나 고리대금업은 대중과 교회의 비난 대상이 되자 교황에게 산마르코 수도원 건축기금을 기부하면 모든 죄를 사한다는 교황령을 발표할 것을 제안하여 받아들여지자 유럽의 명문가들이 수많은 교회 건축물을 짓게 됨. 건축물을 장식하는 다양한 예술품들의 수요가 급증 곧 르네상스로 연결되고 손자인 로랜초 데 메디치(1449-1492)에 와서 절정을 이룸, '위대한 로랜초'로 일컬어지고 시인 보티첼리, 레오나르드 다빈치, 미켈란젤로 등을 후원함. 그러나 로랜초가 피렌체를 통치하던 시절부터 메디치은행은 쇠퇴함. 메디치 은행 런던지점이 장미전쟁(1455-1485)때 잘못된 편에 투자했기 때문이었음.

---

* **서양속담**

'인생은 여름방학처럼 빠르다.'

23
유대인

유다왕국은 기원전 582년 바빌로니아에게 멸망하자 상류층 4만 5천 명은 바빌로니아로 잡혀감. 1948년 이스라엘 건국까지 2천 5백 년간 '유대인 방랑시대'였음.

- 시너고그: 사제 없는 회당이며 학자인 랍비를 중심으로 신자들이 모여 율법 낭독과 기도를 하는 곳. 유대인 복지제도의 구심점.
- 쿠타: 동족을 구제하는 기금.
- 탐후이: 다른 민족을 구제하는 기금. 유대 율법은 자기 동족을 의무적으로 돌보도록 되어 있고, 느헤미야의 사회개혁과 에스라의 영적개혁으로 유대인의 정체성과 생명력이 다시 살아남. 1천 5백 년간 바빌론은 유대인 커뮤니티의 중심지가 되고 예루살렘과 바빌론 두 곳에 민족의 기틀을 마련함. 에스라에 의해 '토라(모세5경)'가 완결. 바빌론 디아스포라는 약 3세기-10세기경에 이르는 8백 년 동안 유대 민족정신의 중심이었고, 800년 1100년 사이 이베리아반도에서 누렸던 '세파르딤 문화'(300년간 이슬람 문화 분야의 중추적 핵심인재가 유대인)는 자랑스러운 황금기였고, 현재는 미국에서 핵심적인 인재로 활약 중임.
- 코르도바: 유대인 학자, 철학자, 시인, 과학자들의 도시이자 문화의 중심지, 코르도바 칼리프의 도서관 내의 책이 유럽전역의 도서관의 장서를 합친 것보다 많았음. 이베리아반도의 이슬람사회는 3백 년이 지나면서 세비야, 그라나다, 말라카, 코르도바 등 도시를 중심으로 한 작은 나라들로 분

열, 야만적인 베르베르족이 1013년 코르도바를 점령해 유대인과 관계가 좋았던 우마야드 왕조를 붕괴시키고 코르도바에서 수많은 유대인 학자들을 처형함. 1037년에는 북동쪽에 있던 셀주크 투르크족의 침공으로 중동의 이슬람왕국이 살아짐. 유대인들이 기독교국가인 스페인 왕국으로 대거 몰려가자 이슬람왕국의 상업적 기반이 무너짐. 돈이 돌지 않아 교환경제의 쇠퇴와 함께 문화적, 사회적 기반도 쇠퇴하게 됨. 스페인왕국은 밀려오는 유대인을 차별하지 않고 학자의 양성에 힘을 쏟으며, 이슬람을 이베리아반도에서 몰아내고 지중해 패권을 차지하는 원동력으로 이용함. 유럽에서는 상인과 수공업자 조합인 길드가 유대인을 배척하자 이들은 노예상, 가축상, 전당포, 고물상과 대부업에 종사하고, 지식과 교양을 가지고 신용과 계약을 목숨처럼 지킴. 이슬람지역에는 기독교인 들의 출입이 금지된 터라 유대인들이 출입 거래를 하며 동방무역을 독점함.

중세에는 가톨릭 신자의 98%가 문맹이었으며 1229년 툴루즈 회의에서 교황은 평신도들이 성경을 소유하거나, 읽을 수도, 번역할 수도 없는 금지령을 내림(약 500년 동안 지속). 16세기 활자가 발명되기 전 책은 손으로 써야 했음. 유대인들이 상업을 석권할 수 있었던 것은 글을 읽고 쓸 줄 알았기 때문임. 중상주의 시대(15세기 중반부터 18세기 중반까지) 300년간 유대인의 시대에 약속어음을 담보로 한 신용대출은 중세 초기 유대인들이 시작했고, 1630년 경에는 환 상품과 관계되지 않은 순수한 금융상의 환어음을 취급. 1609년에는 암스테르담은행이 탄생하여 고객으로부터 금, 은을 받고 이를 근거로 계좌의 주인이 다른 거래를 할 수 있도록 하는 은행화폐 개념도입, 영란은행의 모델이 되고 미 연방은행제도에 영향을 줌. 17세기 내내 네덜란드가 상업과 무역의 패권을 잡을 수 있었던 것은 세계 최초로 지폐를 대량 유통시켰다는 것.

그 결과 암스테르담이 유럽의 외환거래 중심지가 됨. 16세기 초 곡물에서 시작된 선물거래는 고래 기름, 설탕, 구리, 이탈리아비단 등으로 확대, 16-17세기 이후에는 미래시점의 정해진 가격에 매매할 수 권리를 파는 옵션거래가 형성. 유럽 각국의 왕과 제후들이 유대인들에게 재정을 맡기는 '궁정유대인'은 150년 동안 성행, 주요 도시의 건설계획을 주도, 유대인들의 대부를 얻어 비엔나의 카를 성당과 합스부르크의 쉰부룬 궁전 완성, 일부 유대인은 독일 제후의 수석장관으로 활동, 궁정유대인은 1900년대 국제적 은행업자의 원형, 신성로마제국의 200개나 되는 주요공국과 영주들 대부분이 궁정유대인을 씀(오늘날 미국 역대 재무장관이 대부분 유대인). 보석은 귀족이나 성직자의 장식품에 쓰이는 정도였으나 유대인들이 교환가치로 승격시키면서 보석에 생명을 불어 넣음. 가장 먼저 일으킨 사업이 다이아몬드 가공 및 수출산업. 17세기 말 베네치아 유대인 페르지에 의해 다이아몬드의 커팅 기술의 정수인 '브릴리언트 커팅(58면)'의 연마방법이 발명됨. 유대인은 동족 간에 지혜와 정보를 나눔. 유대교 회당인 '시너고그'에 모르는 이방 유대인이 찾아오면 원로 중 한 명은 반드시 그를 자기 집 식사에 초대, 구성원 서로 간 사회적 연대책임 의식이 있었음. 아인슈타인, 에디슨, 프로이드, 로스차일드, 레너드 번스타인, 주빈 메타, 스티븐 스필버그 등 세계 인구의 0.2%이나 노벨수상자 22%, 아이비리그 학생의 23%, 미 억만장자의 40%, 미국에 640만 명(뉴욕 200만명), 이스라엘에 560만 명이 있음.

* 마사다의 최후

서기 66년 소수의 로마 군인들이 지키고 있던 마사다를 열심당원들이 빼앗아 서기 73년 4월까지 로마와 항쟁함. 플라비우스 실바장군의 제10군단과 보조 병력 1만 5천 명이 마사다로 진군. 요새 내 여자와 어린이 포함 960명이 로마 군단과 대치, 2년이나 버팀. 예루살렘에서 끌려온 6천 명의 유대인들로 하여금 마사다 성으로 올라올 수 있게 인공능선을 쌓음. 지도자 엘리에제르 벤야이르는 성내 주민들에게 자결을 호소. 로마군 성 정복 후 살아남은 자는 2명의 여자와 5명의 어린아이들만 살아남음.

---

* 너에게 묻는다 - 안도현(1961-)

연탄재 함부로 발로 차지 마라.
너는 누구에게
한 번이라도 뜨거운 사람이었느냐?

* 몽골의 고려침략

1231년 살례탑이 침입하여 엄청난 규모의 공물(금과 의복 2만 필, 비단 1만 필, 큰 말 작은 말 1만 필 등)을 고려에 요구함. 1232년 2차 침입 시는 수도를 강화로 옮긴 상태임. 1235년 3차 침입 시에는 최우는 불에 타 없어진 대장경 조판을 지시함. 1247년 4차 침입하였으나 몽고황제 죽음으로 철군함. 1253년 5차 침입, 1254년 6차 침입 시 전체인구 270만 명 중 26만 6천 8백 명의 남녀가 잡혀감. 1257년 7차 침입하여 철원 이북지역에 쌍성총관부를 설치하고 1258년 출륙환도와 태자 입조를 받아들임. 1259년 몽골 완전 철수(28년 만에), 1270년 개경으로 천도, 다루가치 파견, 몽골군 주둔, 삼별초의 봉기가 있었음.

* **팔만대장경**

1236년(고종 23년)부터 1251년(고종 38년)에 걸쳐 완성, 경판의 수가 81,258판에 이르며 합천 해인사에 보관, 800여 년 가까이 건재함.

* **고려의 금속활자**

역사상 가장 오래된 금속활자, 12세기경 고려에서는 놋쇠로 된 금속활자를 씀(국립중앙박물관 '복'자).

* **직지심체요절**

현존하는 세계 최고의 금속활자본으로 약자로 '직지', '심요'라고도 함. 조계사 선사 백운 경한이 1372년에 저술, 흥덕사에서 1377년(우왕3년) 금속활자로 인쇄. 구텐베르크보다 70여 년 앞섬(1450년 유럽 출판인쇄술 발명).

* **최무선의 화포**

최무선은 고려 말 조선 초기 장수로서 화약제조법을 발명하여 1380년 진포 해전 때 화포, 화통으로 왜선 500여 척을 격침하고 관음포 해전에서 17척을 격침함. 1571년 연합함대(베네치아, 제노바, 에스파냐)의 투르크 함대 격파한 레판토 해전보다 200년 앞섬.

24
로스차일드

독일 유태계 혈통의 국제적 금융 재정 가문, 독일의 유태계 거주지에서 고물 장사와 동전장사로 시작, 다섯 아들은 유럽전역(1. 암셀(1773-1855, 프랑크 푸르트: 관리업무, 정보제공, 인사관리), 2. 살로몬(1774-1855, 비엔나), 3. 네이선(1777-1836, 런던: 제일 유능), 4. 칼만(1788-1855, 나폴리: 기회를 안 줌,) 5. 제임스(1792-1868, 파리)에 은행을 설립하고 유럽의 산업화 동안 국제적 융자로 크게 발전함. 철도사업 후원, 수에즈운하 건설공사비 영국에 지원, 2차 대전 전쟁비용 영국에 지원, 로얄더치셀 소유, 오스트리아로부터 귀족 작위를 받음. 1815년 6월 20일 워털루 전쟁이 끝난 다음날 영국채권과 증권의 62퍼센트가 네이선 로스차일드에 넘어가고(워털루 전쟁에서 거짓 정보를 흘려놓고 영국 국채를 대거 매입 20배의 이득 챙김) 사실상 영란 은행을 장악함. 사람들은 빗대어 '로스차일드 가문이 영국을 샀다'함. 1815년 로스차일드 일가의 자산은 약 1억 3천 6백만 파운드(당시 영국 왕가의 재산이 5백만 파운드)였음. 로스차일드가문의 재산은 1850년 약 60억 달러로 수익률 6%로 가정 최소한 50조 달러(빌 게이츠 재산의 1천 배 이상으로)로 전 세계 금융재산의 4분의 1로 추정됨. 1800년 중엽 프랑스의 민간소유 중앙은행도 최대 주주는 로스차일드 가문임. 1914년경 팔레스타인으로 이주한 유대인들이 9만여 명이었고 이때 유대인들이 자립을 위한 땅 구입 자금 170만 파운드 중 160만 파운드를 에드몽 제임스 로스차일드가 지원하였음. 그 뒤 로스차일드 파리가 <u>1억 7천만 프랑을 이스라엘 건국자금으로 지원함</u>. 지난 250년간 8대에 걸쳐 전 금융자본을 지배해 옴. <u>소유 기업은 대부분 비상장임. 도이치 뱅크(독일), HSBC(영국), 뱅크 오브 노바스코샤(케나다)</u> 등임. 적통 후계자는 알렉상드르 드 롯쉴드, 40개국에 900여 명의 전문가, 90개국에 4,000여 명의 VIP 고객, 성공비결은 '가족 구성원 간 흔들림 없는 단합'이라 함.

25
제이 피 모건

J. Pierpont Morgan(1837-1913, 76)은 독일 괴팅겐대 졸업, 아버지 J. S. 모건의 금융업에 들어가 1895년 J. P. 모건회사로 변경하고 1902년까지 8천 킬로의 철도를 운영한 철도 왕. 1892년 에디슨을 지원, 에디슨 제너럴전기회사 설립, 그 후 톰슨 휴스턴 전기회사를 합병하여 GE를 탄생(100년 이상 100대 기업 내)시킴. 1910년 런던에 투자은행 모건그랜펠 앤드 컴퍼니 설립하고 영국의 자본을 동원하여 미국의 공업과 철도를 위한 자금조달을 함.

1차 대전시는 영국, 프랑스 정부를 원조하고 세계 각국의 왕과 대통령, 교황의 전폭적인 신뢰를 얻음. 요구불 예금 계좌 개설에 100만 불 잔액을 요구함. 미 최대 인수 합병 전문투자은행으로 금융, 철도, 전기 등을 차례로 장악한 후

1898년 페더럴 제철을 설립 후 '카네기 제철'에 눈독을 들이고 카네기 사무실에 불쑥 나타나 철도화차 20대 분량의 금괴 값에 해당하는 5억 달러 수표를 내밀었다 함. 1901년 인수(4억 4천만 파운드)하여 페더럴 제강, 네셔널 제강, 아메리카제강과 합병한 후 'U.S. 스틸'의 공룡회사로 만듦. 카네기로부터 한 주당 38달러로 산 주가가 기업공개 후 55달러로 며칠 만에 미국 연간 예산의 두 배인 10억 달러를 벌었음. 20세기 초엽, J.P. 모건은 '주피터'란 별명을 얻고 백악관 화이트하우스에 견주어 '모건하우스'로 불림. 당시 월가에서는 "기원전 4004년에는 하느님이 이 세상을

창조하셨다. 그러나 서기 1901년에는 J.P. 모건과 존 D. 록펠러가 지구를 바꾸어 버렸다."라고 함. 1907년 미국 전역의 전화 AT&T를 인수, 영국정부의 보조금을 받는 큐나드가 최신 호화 여객선 2대를 건조하자 이에 대항하기 위해 타이타닉 호 건조를 결정하고 자신의 전용객실을 B덱에 지정(넓은 침실과 옆에 무도장 설치)하고 미항만 당국에는 허드슨 강가의 부두를 30m 확장하도록 로비한 후 1912년 처녀항해에 모건 그렌펠의 비비안 스미스와 동승을 결정하였으나 취소함. 타이타닉의 침몰소식은 75세 생일 전날 프랑스의 온천 휴양지에서 전달받음(1514명의 인명 손실). 로마에서 사망, 1913년 이전 중앙은행이 없던 시절 모건하우스는 사실상 미국의 중앙은행 역할(미국 연방 준비은행: 모건, 록펠러, 로스차일드 3대 금융가문이 주도 100% 전체를 민영으로 설계)을 함. 금융시장의 패닉을 종식, 미국 금본위제 사수, 세 차례의 디폴트 위기에 몰린 뉴욕시정부 구제, 1925년 무렵 모건상사가 지배한 주요 15개 철도회사의 자산만도 85억 달러(요즘시가 1조 달러)에 달함, US 스틸, J. P. 모건 체이스 앤드 컴퍼니(체이스 맨해튼, 뱅크 원, 베이스턴스, 워싱턴뮤추얼), 모건 스탠리(증권), J.P. 모건(은행) 등을 소유. 공황이 가라앉은 1930년대 모건산하의 기업체 수는 440개, 자산총계 776억 달러(미국 상장기업 200개사 자산 총액의 40%)였음. 한 때 연방정부의 불신과 경쟁자의 적대심을 불러일으킬 시 모건은 루즈벨트 대통령이 휴가를 얻어 사냥을 간다는 기사를 읽고 "아프리카에서 맨 처음 루즈벨트를 만나는 사자는 자신의 임무를 완수하기 바란다"고 내뱉었음. 미국의 중앙은행인 연방 준비 이사회(FRB)는 모건이 사망 후 1913년에 설립(민간은행임)됨. 유산은 미술품 1억 달러, 부동산 7천만 달러, 현금 등 유동자산 3천만 달러였으며 예술품들은 메트

로폴리탄 미술관에 기증, 책들은 뉴욕도서관에 기증됨. 이런 발표를 본 록펠러는 "나는 모건이 상당히 부자인 줄 알았는데"라고 했음. 그에 누군가 록펠러에게 "부자란 재산이 얼마 정도야 합니까?"라고 묻자, 록펠러가 대답하길 "부자는 자신의 재산이 얼마인지 계산할 수 없는 사람이야"라고 말함. 1914년 1차 대전이 발발하자 J. P. 모건 2세는 3년간 영국, 프랑스 정부의 독점 구매 대리인이 되어 미국회사들로부터 30억 달러의 군수품과 일반 물품을 구매하고 1차 대전 종전 이후 유럽의 재건사업을 위해서는 100억 달러 이상을 대출해 줌. 듀폰과 함께 GM을 공동 경영함.

* 버트란트 러셀(1872-1970)의 '행복론'

"행복의 비결은 다음과 같다.
당신의 흥미의 세계를 될수록 넓게 하여라. 당신이 접하는 인간과 사물에 대해서 될수록 적의를 갖지 말고 애정을 가져라"라고 함.

* 나비천사

한 소녀가 산길을 가다가 나비 한 마리가 거미줄에 걸려 버둥대는 것을 발견, 가시덤불을 헤치고 나비 구출, 소녀의 팔과 다리 가시에 찔려 붉은 피가 남, 날아가던 나비는 천사로 변하여 소녀에게 다가와 무슨 소원이든 한 가지 들어 주겠다 함. 소녀는 가장 행복한 사람이 되게 해 달라고 함. 평생 행복한 생활 후 백발이 되어 임종 시, 주위 사람들이 행복의 비결을 묻자, 구해 준 나비 천사가 내 귀에 대고 "무슨 일을 당하든지 감사하다고 말하면 평생 행복하게 될 거예요'라고 해서, 그때부터 무슨 일이든지 감사하다고 중얼거렸더니 정말 평생 행복했던 거야"라고 함.

-매사에 감사가 곧 행복-

26
일본의 충

1912년 명치천왕 사망 시 노기 육군대장 내외가 천황을 따라 죽음. 노기 대장은 러일 전쟁 시 외아들을 여순 공략 전투에 보내 전사.

1945년 8월 태평양 전쟁에 패한 후 아나미 장관, 후생장관, 문교장관, 스기야마 원수 부부, 육군대장, 해군참모차장, 전직 수상이 연달아 자살, 민간인까지 가세한 자살 수 500여 명에 이름.

* 오노다 히로(1922-2014)

제2차 세계대전이 끝났는데도 필리핀의 정글에서 29년간 항복하지 않고 버틴 일본군 정보장교. 1944년 필리핀 마닐라 근처의 루방 섬에 파견된 오노다 소위는 미군의 루방 섬 공격을 지연시키기 위해 비행장 활주로를 파괴한 후 유격전을 벌리도록 명령을 받았음. 사단장은 떠나는 오노다 일행에게 항복은 물론 옥쇄를 허락하지 않았음. 사단장은 몇 년이 걸리더라도 버텨야 하고 병사가 한 명이 남더라도 끝까지 버틸 것을 명령함. 이듬해 미군이 상륙하면서 첫 전투에서 207명이 전사했고 나머지 43명은 산속으로 흩어졌으나 미군의 전단 살포로 일본이 항복한 사실을 안 일부는 투항해서 일본으로 돌아갔음.

1974년 필리핀의 정글에서 행방불명된 오노다 소위를 발견하고 설득하였으나 오노다 소위는 일본의 항복을 믿지 않고 산속에 있으면서 직속상

관의 투항명령서를 받고 난 후에야 필리핀 마르코스 대통령 앞에서 투항의식을 치른 후 일본으로 귀환함. 일본국민은 영웅으로 추앙함.

* 우에스기 요잔(1751-1822)

아사히신문 설문조사에서 '지난 천년 동안 일본을 빛낸 최고의 경제인'으로, '케네디' 대통령이 가장 존경한 정치인 이었음.

경제파탄으로 망해가는 요네자와 번(우에스기 겐신 시대 120만석에 달했으나 15만석으로 줄었음)에 18세의 나이로 부임하던 중 꺼져버린 화로에서 불씨를 보고 영감을 얻어 스스로 '불씨'가 되기를 결심, 신하들을 보고 "내가 이처럼 불씨가 될 터이니 여러분이 나를 도와주게"라고 하고 상하관민이 함께 뭉쳐 개혁작업을 시작, 20여 년에 걸쳐 허물어져간 번을 일으키고 신뢰사회를 건설하는 기초를 닦음. '요네자와 상거래'(가게주인이 없을 시 고객이 가격표를 보고 돈을 상자에 넣음)를 만들고 불가능한 상황을 극복하면서 개혁을 성공시킴. 4가시의 개혁(첫째, 부성부패의 환부를 노려내는 것 둘째, 구태의연한 의식과 관습을 획기적으로 개선 셋째, 서로 믿고 사는 신뢰사회 구축 넷째, 국민들과 국가의 부를 쌓아가는 경제재건)을 앞세우고 번주가 솔선수범으로 정치를 함. 하녀를 5분의 1로 줄이고, 스스로 무명옷을 입고, 식사는 국 한 가지, 반찬 한가지로 제한, 가신들에게도 검약을 강조, 봉록을 절반으로 삭감, 백성을 교화하여 마을의 살림과 치안, 질서를 회복, 효행, 과부나 고아에 대한 자비, 영민들이 스스로 가난한 사람들을 돌보고 합심해 마을을 꾸려 가게 함. 농업장려책을 펴고 관개시설을 하고 식물재배 기술을 가르침. 무사와 가신들을 황무지 개간에 투입. 비단생산법을 가르치고 요네자와를 최고급 비단생산지로 만듬. 번주자리에서 물러난 후도 번주의 후견인으로서 꾸준히 개혁정책을 실시. 요내자와 번은 15년만에 막부로부터 얻은 빚을 모두 갚음. 한의학교를 설립하고 흥양관이라는 교육기관을 설립. 선정을 펼치고 교화를 통해서 진정한 개혁을 하고자 함.

27
일본개혁의 3주역

1. 사카모도 료마(1836-1867): 삿초 동맹의 알선, 대정봉환의 성립, 개화의 길로 인도
2. 오쿠보 도시비치(1830-1878): 도이칠란드에 가서 비스마르크가 확립한 관료주도형 체제를 그대로 옮김
3. 사이고 다카모리(1828-1877): 오쿠보 도시비치, 기도 다카요시와 함께 사령관으로서 1868년 메이지 시대를 여는 결정적인 역할

* 사카모도 료마(1836-1867)

1853년 에도로 가서 호쿠신이토 류 검술을, 화가 겸 유학자 가와다 소류에게 서양 사정을 배우고, 막부가 건조한 증기선 지휘관 가쓰(근대적 해군창설)에 감화 후 문하생이 됨. 1863년 고베에 해운회사를 설립함. 막부에 적의를 품고 있던 조슈번과 사쓰마번의 동맹을 이끎. 1865년 6월 29일 사쓰마번 저택에서 사이고 다카모리를 만나 조슈가 군함과 무기를 구입하는 사쓰마번 명의 대여 요청에 승낙을 받아내고, 조슈번의 이토 준스케(이토 히로부미)는 나가사키에서 영국 총기 7,300정과 군함을 영국 상인에게서 매입 후 1866년 삿초동맹을 체결함. 1866년 료마는 대정봉환에 관한 구상을 내어놓고 도사번의 참정 고토 소지로를 설득하여 도사번은 대정봉환 건의서를 막부에 제출하게 됨. 도꾸가와 요시노부가 번주회의를 소집하자 고토 소지로에게 편시를 보내 '대정봉환에 전력을 다할 것'

을 촉구함. 10월 14일 대정봉환이 최종 결정이 되고 료마는 새 정부 구상을 위한 제도와 강령의 작성을 시작함. 도꾸가와 요시노부가 반발하며 저항하자 조슈번과 사쓰마 번은 교토를 장악(유신의 3걸 사이고 다카모리, 오쿠보 도시미치, 기도 다카요시)함. 1868년 4월 막부 사령관은 에도를 포기하고 264년간의 막부체제는 막을 내림. 가마쿠라막부 이후 675년의 봉건시대가 끝남. 료마는 1867년 12월 교토의 오우미야 2층에서 이야기를 나누던 중 괴한으로부터 머리에 칼을 맞고 이틀 뒤 사망함(31세). 막부의 별동부대 신센구미의 가해설이 있음.

28
비행기를 만든 보잉

미국 서부해안에서 목제업으로 큰돈을 모은 윌리엄 보잉(1861-1956)은 1916년 시애틀에서 보잉이라는 작은 비행기회사를 창업하고 5년 만에 여객 및 화물운송을 위한 항공사(유나이트 항공의 전신)를 설립함. 회사가 커지자 엔지니어 회사들을 거느린 대기업으로 성장시킨 후 1934년 경영에서 물러나고 계열사를 모두 매각하였음. 기업가로 더 성장할 수 있었으나 그 길을 택하지 않음. "비행기는 빌의 열정에서 출발했다. 돈 때문에 회사를 만든게 아니었다. 그가 만든 비행기 관련 회사들은 미국 사회에서 큰 역할을 해주길 바랐다. 빌은 부자이면서 애국자였다." 보잉사는 1967년 점보제트기 보잉-747을 생산하고 그 후 보잉-777, 보잉-787을 만들고 제일의 비행기 제작회사가 됨. 시애틀에서 북쪽으로 40km 떨어진 에버렛에 상업용 항공기와 군사용 항공기를 생산하며 공장의 바닥 면적은 415만m^2(약 125만 평)이며 이 중 33만m^2(10만 평) 규모의 땅 위에 천장 높이가 30m나 되는 덮개를 씌운 단일공장은 미식축구 경기장 75개를 모아 놓은 규모로 세계 최대 규모의 공장으로 기네스북에 등재됨. 비행기 한 대에 총 600만 개에 이르는 부품이 사용되면서 1970년대에는 400명을 태우는 B-747의 판매 부진과 승객 감소로 한때 10만 명이 넘었던 종업원 가운데 5만 명을 감원하는 고통이 뒤따랐으나 기술적 진보로 다시 위기를 극복하고 빠르고 조용하며 에너지 효율이 높은 B-737과 B-757개발에 성공함. 1997년에 전투기와 헬리콥터 등을 생산하던 맥도

넬 더글라스사를 인수하고 통합과정에 불협화음이 있었음. 위기를 극복하기 위해 기술혁신에 올인한 결과 항공기 동체를 탄소섬유로 대체하여 '튼튼하면서도 가벼운' 항공기개발에 성공하여 B-787 기종이 탄생하여 공기오염도 줄이고 재활용율도 최대치로 끌어올림. 2015년 항공분야 매출에서 사상 최대의 실적을 거두고도 4,000명 안팎을 감원함. 기술개발과 구조조정을 적기에 함으로써 100년 넘는 기업반열에 오름.

* 라이트 형제와 보잉의 차이점

라이트 형제는 최초로 비행기 개발에 성공했지만 자신의 특허를 지키려고 시간을 낭비하면서 사업화에 실패하였으나 보잉은 후발 주자였으나 열정과 도전으로 새로운 길을 개척했음. 보잉은 비전을 제시할 줄 아는 유능한 사업가였음.

* 뉴욕 증시 폭락

1929년 10월 24일 뉴욕증시 폭락은 영국 실크판매로 성공한 클라렌스 헤이트리가 창업 후 몇 년 만에 산업 및 금융제국을 이룩하였다. 그러나 주식거래 증명서를 위조해 거액의 손실을 숨겨온 것이 탄로나 한 달 사이 증시에서는 1,800억 달러가 살아지고, 1930년까지 미국에서 1,352개의 은행이 파산하였으며 2만 6,355개의 기업이 도산, 원자재 가격은 1913년 수준으로 하락, 실업자 400만 명이 발생함.

* **페어차일드와 인텔**

1955년 벨연구소 트랜지스터 연구팀의 책임자 윌리엄 쇼클리가 연구소를 떠나 캘리포니아로 갈 시 여덟 명의 청년이 합류하였음. 그러나 기술적 이견으로 결별, 페어차일드라는 반도체회사와 세 명이 독립하여 인텔을 설립함.

* **실리콘벨리**

1970년대 이후 스탠퍼드 대학이 대학부지내 $4km^2$를 저렴한 임대료로 창업 하려는 졸업생들에게 임대(미국 최초)를 하자 부지가 부족하게 되어 외부로 확장된 것. 샌프란시스코 만을 둘러싸고 길이 48km, 너비 16km에 이름. 미국 특허 12건 중 1건이 이곳에서 만든 것이며 1900년대에는 매주 평균 18개의 기업이 탄생, 창업에 걸리는 시간은 유럽의 12분의 1, 필요자본도 유럽의 3분의 1임.

* **로레알**

1909년 설립, 화장품회사 해마다 연구에 6억 유로를 투자, 3,000명이 넘는 연구원, 세계시장 주도이유는 '고객은 과학연구의 품질을 믿는다.'라고 함.

29
장학량(1898-2001)

군인(동북군 총사령관)이자 정치가, 일본의 중국 침략에 대항하기 위해 장개석을 구금(1936년 12월 장개석 독전 차 시안으로 찾아옴)하는 시안사변을 일으켜 세상을 놀라게 함. 공산당과 내전을 종식하고 일본과 싸우기를 요구하였고 공산당 주은래와 국민당 송자문과 협의하여 내전 정지를 약속받음. 이것으로 중국 공산당과 국민당 사이에 2차 국공합작이 이루어짐. 이 사건으로 장학량은 지휘권의 박탈은 물론 생명을 잃게 될 위기에 처할 수도 있었으나 자신보다 대의를 택하고 장개석의 처벌을 따름. 그는 10년 금고형을 받고 2차 대전 후 국민당과 함께 1949년 타이완으로 와 연금생활(54년)을 하였으나 1990년 생일을 기해 연금에서 풀려 남. 1993년 고령임을 감안해 미국으로 가도록 허용받아 1995년부터 동생이 거주하는 하와이에서 살다가 2001년 사망함.

* 송미령(1897-2003)

장개석의 처, 뛰어난 미모에 중국인 최초로, 여성으로서는 두 번째로 미 의회에서 연설, 카이로 회담 시 장개석의 통역을 맡음. 송미령이 결혼을 앞두고 있을 시 장학량, 장개석을 다 좋아했으나 장학량은 기혼자로 본처와 헤어짐을 원치 않았으나 장개석은 기존의 처들과 이혼하는 조건을 받아들여서 장개석을 택하였다 함. 장학량의 목숨을 구했다는 설이 있음.

30
마쓰시타 정경숙

일본의 젊은 차세대 리더를 양성하는 기관. 마쓰시타 전기산업(주)의 창업자인 마쓰시타 고노쓰케가 젊은 정치적 리더를 키울 목적으로 1979년 (86세 때) 70억 엔의 사재를 내 놓았고, 마쓰시타 그룹 관련 회사들이 50억 엔을 투자했음. 정경숙은 첫째, 인간을 만들고, 둘째는 이들이 뜻을 세우도록 도와 줌. 정경숙의 교육은 기본철학을 가르치고 일본과 세계에 공헌할 인재를 육성하는 것이 목적임. 해마다 6명 정도를 선발하고 기숙사에서 3년간 배우게 함.

수업료는 무료이며, 숙생에게는 매달 20만 엔 연구자금이 지급됨. 리더로서 기본적인 품격을 갖추기 위해 서예, 검도, 다도, 좌선 등을 의무적으로 가르치나 상근하는 교수가 없으며 그 외의 본인이 공부하고 싶은 학습 프로그램은 스스로 짜야함. 22세부터 35세까지만 입학할 수 있으며, 성별, 국적, 학력 등 제한은 없음.

* 피터 드러커(1909-2005)

경영학 분야를 포함해서 정치, 경제, 예술, 소설을 포함한 39권의 저서를 냄. 경영의 개념, 기업의 목적과 목표, 경영자의 역할과 과업, 조직운영의 원칙, 목표관리, 기업가 정신, 비영리조직의 경영 등 경영학의 모든 주제에 대해 이론적 기초를 세움. 경영자란 "자신의 지식과 판단으로, 자신 또는 조직의 목적을 달성하려는 사람"이라고 함. 즉 경영자의 자질과 능력이 조직의 성공과 생존을 결정한다 함.

31
유명 기업인

* **빌 게이츠**

1955년 생, 하버드 법학과 중퇴, 승부욕이 강하고 13세에 컴퓨터 프로그래밍 시작, 워싱턴 주 메디나 교외 워싱턴 호숫가에 40,000 스퀘어 푸트, 5에이커 부지에 7년간 건설, 97년 시가 5,300만 달러, 침실 7개, 목욕탕 24개, 식당 6개, 식당과 가장 아름다운 극장, 도서관, 회의실, 집무실, 실내외 체육관, 200명을 초대할 수 있는 연회장, 집 보는 일꾼 300명, 전기 기술자 100명, 빌 게이츠가 노래를 듣고 있으면 움직이는 데로 노래가 따라다님. 집안의 통신 케이블 길이만 78km, 방문객 침실은 2개이나 방 개수는 60개 이상, 도서관 천정에 '위대한 개츠비'의 문구

'He had come a long way to this blue lawn, and his dream must have seemed so close that he could hardly fail to grasp it.'

* **'위대한 개츠비'(1925년 작)**

피츠제럴드의 작품. F. Scott Fitzgerald(1896-1940)는 할리우드에서 심장 마비로 사망. 그는 세터데이 이브닝포스트 등 잡지에 160여 편의 단, 중편 소설을 발표, 프린스턴대학 4년 중퇴(1917년 세계대전 참전으로), '재즈시대의 대변자'로 유럽에서 주로 작가 활동을 함. 이혜경 역자는 "그 꿈을 이룬 곳 그렇게 오른 산의 정상에서 어떤 풍경을 만나게 될지는 아무도 모른다. 그저 그 곳에 빛나는 무엇이 있을 거라는 짐작으로 허

위허위 오를 뿐", "표적을 빗나간 화살들이 끝에 명중한 자리들, 우리는 표적을 향해 제대로 화살을 쏘아 올리고 있는 걸까, 아니, 내가 화살을 겨눈 채 쏘아보는 저 표적은 진정 내가 원하는 바로 그것인가"라고 말함. 미국의 잃어버린 세대를 대변하는 작가, 가장 미국적인 소설, 미국의 꿈과 부와 사랑에 대한 문제를 예리하고 섬세하게 포착, 주인공은 사랑을 위해 데이지의 차 사고를 대신 떠맡는 희생을 하나 데이지의 남편에 의해 억울하게 살해됨. 개츠비의 생활방식과 호화로운 파티 등을 못마땅하게 여기지만 모든 것이 한 가지 목적을 위해 계획되고 준비된 것이라는 사실과 이 상주의적인 그의 삶의 방식, 개츠비는 이룰 수 없을 것만 같이 멀리 떨어진 불가능한 꿈을 예민하게 감지하며, 추구하며, 세상의 주춧돌조차도 '요정의 날개' 위에 세워진다고 믿으며 어디에도 존재하지 않는 자신만의 세계를 만들고자 함. 피츠제럴드는 모두가 불가능하다고 믿으며 시도조차 하지 않는 상황에서 실패할 것을 알고도 자신의 이상을 실현하고자 하는 개츠비의 삶을 '위대한 것'으로 평가한 것임.

* '벤저민 버튼의 시간은 거꾸로 간다'

'위대한 개츠비'의 작가 스콧 피츠제럴드가 26세에 쓴 단(중)편 소설, 남북전쟁 당시 볼티모어를 배경, 영화는 뉴올리언스에서 1차 세계대전이 끝나는 날을 배경, 영화는 80세의 나이로 태어나 점점 젊어지다가 벤저민이 데이지와 비슷한 연배가 되었을 때 결혼, 그러나 시간이 흐르자 벤저민은 상냥하고 착하지만 가족과 아내 그 누구로부터도 이해받지 못하고 방황하던 그는 아내와 딸을 위해 떠나 주는 것으로…, 할머니가 된 데이지 앞으로의 편지(벤저민을 만났던 노인 요양원), 어린아이가 된 벤저민은 데이지 품에서 떠나면서… 시간이 흐를수록 나만 점점 젊어진다면…

* **명대사**

"누군가는 강가에 앉아 있는 것을 위해 태어난다.
누군가는 번개에 맞고, 누군가는 음악의 조예가 깊고, 누군가는 예술가이고, 누군가는 수영을 하고, 누군가는 단추를 달고, 누군가는 셰익스피어를 읽고, 누군가는 어머니다. 그리고 누군가는 춤을 춘다. 가치 있는 것을 하는데 늦었다는 건 없단다. 하고 싶은 것을 하는데 시간의 제약은 없단다… 넌 변할 수 있고 그 자리에 머물러 있을 수도 있지, 규칙은 없는 거니까… 최고가 될 수 있는 거고, 꼴찌가 될 수도 있는 거란다."

* **워렌 버핏(1930-)**

미국의 기업가이며 투자가로 버크셔 해서웨이 회장, '오마하의 현인'이라 불림. 지난 50년간 주가 182만 6,183%, 연평균 상승률 21.6%(S&P 500대 기업, 연 9.9%)를 달성함. 봄에 개최되는 주주총회 4만여 명 주주 참석, 6시간 열강 경청, 50년째 중산층 주택에 살고, "열성은 성공의 열쇠, 성공의 완성은 나눔"을 강조함.

부자가 되고 싶으면, 다음의 말을 기억하라.
"인생 최고의 투자는 친구이다."
"조기 경제교육이 평생의 부를 결정한다."
"작은 돈을 아껴라. 그래야 큰돈을 번다."
"시간을 아끼는 사람이 진정한 부자다."
"책과 신문 속에는 부가 있다."
"고기를 잡으려면 물에 들어가야 한다."

"자신의 일을 즐기면서 하면 부는 따라온다."
"남에게 관대하고 자신에게 엄격하라."
"부자들은 끈기로 무장한 사람들이다."

* 구글

1998년 스탠포드 공대 박사과정 학생인 레리 페이지와 세르게이 브린(스탠포드대학원 수학 천재, 부모는 소련에서 탈출한 수학자임)은 둘 다 남들보다 빨리 컴퓨터에 빠짐. 1973년 동갑네기는 개발한 검색엔진을 야후를 비롯하여 선도 업체에서는 무관심하여 100만 달러 매각도 거절함. 검색엔진을 발전시킨 후 2,500만 달러 유치하여 오늘날 약 5,000억 달러의 가치로 만듦(주위의 부정적인 평가에도 굴하지 않고 자신의 선택을 밀고 감).

* 기업의 평균 존속기간

1935년 S&P 500 기업의 평균 존속기간은 90년, 1975년에는 30년, 2011년에 18년으로 급감함.

* 기업의 CEO

기업의 CEO 40%는 18개월 이내에 면직 또는 자진 사임하고 기업 인수의 83%는 아무런 주주가치 창출하지 못함. 변호사의 44%는 변호사가 된 것을 후회함.

* **랄프 로렌(1939-)**

1967년 넥타이로 시작, 남성복, 여성복, 향수, 침구, 가정용품, 골프웨어, 스포츠웨어, 위대한 개츠비(레드포드의 핑크 슈트)의 의상 제작, 미국 패션디자이너협회가 수여하는 다섯 개의 상을 모두 석권함.

운: 기회의 땅 미국에서 태어났다는 것, 타이밍: 그가 자란 60년대는 패션에 막 투자하던 때, 사람: 나를 알아봐준 사람들의 열광과 격려가 있었음으로 성공하였다 함. 블루밍데이 백화점의 전 CEO 마빈 트라움이 백화점 내 숍인 숍을 두고 팔 수 있게 도와주고, 4인치(11cm) 폭 넥타이를 개발, 가격(일반 3-4달러)을 7.5-15달러로 올려 승부수를 걸자 가능성을 본 한 사업가가 엠파이어스테이트 빌딩 앞 작은 좌판을 내어 줌. "확신만 있다면 밀고 나가라 내가 산 증인 아닌가."라고 함. 적시 적소에 맞는 사람을 만남(위대한 팀, 당신만의 군대). 중시하는 것은 일관성, 품질에 대한 집착, 기존보다 반보 앞서 가는 것, 작은 목소리에도 귀를 기울이는 것, 작은 디테일도 놓치지 말 것, 남과 차별화 되는 것, 많은 광고 투자도 필요, 최후 승자는 품질임을 강조함.

* **인척지간이 함께 하는 회사**

P&G: 미국 오하이오 주 신시내티에서 동서지간인 Proctor와 Gamble이 1837년 설립, 185년 역사, 세계 최대 생활용품, 포춘지 선정 '세계에서 가장 존경받는 기업', 180여 국에 50여 개의 리더십 브랜드 공급, Gillet, Ivory, Oral-B, Whisper, SK-2, Downy, Joy.

배스킨라빈스 31: 배스킨과 라빈스 처남·매부지간 1945년 설립, 세계적으로 4,500개가 넘는 아이스크림 매장.

골드만 삭스: 골드만과 사위 삭스

* **여성 앵커 바바라 월터스**

1962년 NBC 투데이쇼로 데뷔, 1976년 이후 ABC방송으로 이적, 미국 ABC방송의 간판 여성앵커 바바라 월터스(아침과 저녁 공동 진행)는 84세(52년 동안)에 토크쇼 '더 뷰'를 끝으로 마이크를 놓음. 전날 녹화한 마지막 토크쇼에는 힐러리 클린턴, 오프라 윈프리, 영화배우 마이클 더글러스 출연, 이후 더 뷰 총괄 책임자로 활동함. 뉴욕타임스는 '월터스는 유명 인사와의 인터뷰를 예술의 경지로 바꾸어 놓았다.' 함. 르윈스키 독점 인터뷰 때는 4,850만 명의 미국인이 시청("아이들을 낳게 되면 무어라 할 건가?" 답 "엄마가 큰 실수를 했단다."). 월터스는 "좋은 소식은 내게 보톡스를 맞을 시간이 생겼다는 것이고, 나쁜 소식은 이제는 방송 출연을 안 할 테니 보톡스가 필요 없다는 것." 딸 재키를 입양한 후 후회하는 것은 너무 바빠서 딸 재키와 시간을 보내지 못 한 것이었음.

* **대학 졸업자비율(25-34세 인구 중)**

한국 65%
일본 60%
영국 48%
이스라엘 46%
미국 43%
OECD 평균 40%

* 된장잠자리의 장거리(7,000km) 이동

몸길이가 3-4cm인 된장잠자리가 아시아에서 아메리카 대륙까지 7,000km가 넘는 거리를 이동하고 황제나비는 겨울이 되면 미국 북부와 캐나다에서 멕시코까지 4,000km가 넘는 거리를 이동한다 함(미국 럿거스대 웨어 교수).

* 일 안 하는 개미

일본 홋카이도 대학 연구팀의 조사에 의하면 일개미의 20-30%가 일하지 않고 노는 군락이 있음을 관찰함. 그러나 그 군락은 부지런한 개미가 지친 뒤 그때까진 놀던 개미들이 일하기 시작해 집단 전체가 문제없이 돌아갔음. 다른 부지런한 개미만 있는 군락을 관찰한 결과 게으른 개미가 있는 군락보다 장기 생존율이 낮았음. 효율적인 시스템은 단기적인 성과를 목표를 하는 것보다 장기적인 관점에서 운영되는 시스템이어야 한다는 것을 발견함.

32
성학십도

68세의 퇴계 이황이 1568년(선조 1년) 12월에 17세의 나이로 왕위에 오른 선조에게 올린 글. 선조가 성군이 되기를 바라면서 군왕에 대한 학문의 요점을 도식으로 설명. 성학은 유학을 가리키며 5개의 도표는 천도에 근원하여 성학을 설명, 5개는 심성에 근원하여 성학을 설명, 7개는 옛 현인들이 작성, 3개는 이황 자신이 작성함. 선조는 성학십도를 정서시키고, 홍문관 학자들에게 교정을 시켜 병풍과 장첩을 만들어 군신에게 나누어 줌. 역대 임금은 제왕학으로 성학십도를 배움.

1. 태극도-우주의 원리를 이해하라 2. 서명도-천지 만물과 하나가 되어라
3. 소학도-일상적인 일에 충실하라 4. 대학도-수신으로부터 시작하라
5. 백록동규도-인간이 되는 학문을 하라 6. 심통성정도-마음을 바르게 하라
7. 인설도-인을 본체로 삼아라 8. 심학도-잃어버린 본심을 찾아라
9. 경재잠도-경의 세부사항을 실천하라
10. 숙흥야매잠도-새벽부터 밤 늦게까지 공부하라

유성룡이 명의 사신으로 갔을 때 북경에서 명의 대신 오경에게 성학십도를 전하고, 임진왜란 후 일본에 소개되어 그곳 유학계에 크게 영향을 끼치고 강호 시대(1655년)부터 본격적으로 판각 인쇄되어 유학자들의 필독서로 숭앙됨. 중국의 석학 양계초는 "성학십도가 성리학의 요결"이라 하고 "300년이 지난 지금에도 만국에서 다 같이 흠양 한다."는 찬사를 보냄.

33
현대 한국의 지성들

* 그 사람을 가졌는가(함석헌, 1901-1989)

'먼릿길 나서는 길
처자를 내맡기고
맘 놓고 갈만한 사람
그 사람을 그대는 가졌는가'

* 사랑은 배려(안병욱, 1920-2013)

"사랑은 배려입니다
사랑은 나의 이익을 구하기보다
상대의 마음을 기쁨으로 채우는 일입니다."

"우리의 마음은 샘물과 같아서
퍼내면 퍼낸 만큼 고이게
마련입니다."

"좋은 머리보다 몽당 연필이 낫다."

* 행복은 정신적 가치에서(김형석, 1920 -)

"물질적 가치에서 벗어나 정신적 가치를 알게 되었을 때
행복한 느낌을 알게 되었다.

그 나이는 보통 65세에서 75세인 것 같다."

"나이가 들어도 행복한 사람은 계속 공부하는 사람들이다."
"도덕과 윤리가 지배하는 사회를 이루어야 한다."

"나라를 먼저 생각해야 한다."

"작가가 놀라지 않으면 독자도 놀라지 않는다."　　　-로버트 프로스트-

* 최선을 다해(김동길, 1928 - 2022)

"오늘 여기 살아 있지만
내일 이곳을 떠날 우리...
그래서, 나는 내 가까이 있는 사람들을
오늘, 최선을 다해
사랑하리라 마음 먹습니다."

* 5불짜리 점심박스

미국에서 비행기를 타고 짐을 선반 위에 넣고 책을 읽고 한숨 자야겠다 하고 있는데 비행기 출발 직전 군인들 10여 명이 주위 빈자리에 앉음. 어디로 가느냐고 물으니 '페타와와'로 간다고 하면서 2주간 특수 훈련을 받은 후 아프가니스탄 전선에 배치된다 함. 한 시간 후 쯤 기내 스피커는 점심박스 하나에 5불판매를 방송하자 군인들은 너무 비싸다며 기지까지 참고 가겠다는 표정으로 아무도 사먹지 않음. 나는 뒤로 걸어가 아주머니 승무원에게 50불을 건네고 부탁함. 점심이 배달된 후 여승무원이 "손님은 어떤 것을 드실래요?"라고 하여 "닭고기"라 하자 1등 칸 점심으로 보답, 화장실로 가려 하자 어떤 남자 25불 전달, 좌석에 앉자 기장이 복도를 걸어 나와 좌석번호를 찾으며 만면에 웃음을 띠우고 "저도 전에 군인으로 전투기 조종사였습니다. 오래전 어떤 분이 점심을 사 주었는데 고마웠던 기억이 아직까지 납니다. 손님과 악수하고 싶습니다." 그 후 두 사람이 더 25불 씩 전달해 줌. 터미널에 들어가니 군인들이 한 곳에 줄 서 있음. 75불 건네고 샌드위치 사라고 전달함.

-김동길교수 칼럼에서-

* 신바람(이어령, 1934-2022)

"신바람과 따사로운 정 그리고 용솟음치는 끈질긴 생명력의 소리들은 바로 우리의 선조가 들었던 그것이고 우리의 후손들이 따라 부르게 될 그것입니다. 북은 민족의 맥박처럼 울리고 가야금은 민족의 혼처럼 떨립니다. 천년의 소리, 만년의 가락 속에서는 오직 정과 사랑과 믿음의 신바람만이 있게 합시다."

* **주옹반낭 −옛 지식인의 양심−**

신라 시대 최치원이 양양의 이상공에게 올린 글에서 고사를 인용하여 자신에 대해 이렇게 표현했음.- '주옹반낭(술독과 밥통)'의 꾸짖음을 피할 길 없고, '행시지육(걸어 다니는 시체요. 달려가는 고깃덩이)'의 비웃음을 면할 수가 없소

최치원(857-미상)은 868년 12세의 나이로 당나라에 유학하여 18세에 장원급제, 881년에 '토황소격문'으로 문명을 떨침. 17년간 당에 머문 후 885년에 신라로 돌아와 부성군 태수가 되고 진성여왕에게 '시무책 10조'를 올리고 아찬의 관등을 받았으나 신라 말기의 난세를 만나 40여 세의 장년의 나이로 포부를 떨치지 못하자 산과 강과 바다를 찾아 헤메다가 해인사에서 생을 마감함.

34
가려 뽑은 암송시

푸르른 날

서정주(1915-2000)

눈이 부시게 푸르른 날은
그리운 사람을 그리워하자

저기 저기 저 가을 꽃자리
초록이 지쳐 단풍지는데

눈이 오면 어이 하리야
봄이 또 오면 어이 하리야

네가 죽고서 내가 산다면?
내가 죽고서 네가 산다면?

눈이 부시게 푸르른 날은
그리운 사람을 그리워하자.

임께서 부르시면

신석정(1907-1974)

가을날 노랗게 물들인 은행잎이
바람에 흔들려 휘날리듯이 그렇게 가오리다.
임께서 부르시면...

호수에 안개 끼어 자욱한 밤에
말없이 재 넘는 초승달 처럼
그렇게 가오리다.
임께서 부르시면...

포근히 풀린 봄 하늘 아래
굽이 굽이 하늘가에 흐르는 물처럼
그렇게 가오리다.
임께서 부르시면...

파란 하늘에 백로가 노래하고
이른 봄 잔디밭에 스며드는 햇볕처럼
그렇게 가오리다.
임께서 부르시면...

사랑

장만영(1914-1975)

서울 어느 뒷골목
번지 없는 주소엔들 어떠랴,
조그만 방이나 하나 얻고
순아 우리 단둘이 살자.

숨바꼭질 하던
어릴 적 그때와 같이
아무도 모르게
꼬옹 꽁 숨어서 산들 어떠랴,
순아 우리 단둘이 살자.

아무도 찾아 주는 이 없던 들 어떠랴,
낮에는 햇빛이
밤에는 달빛이
가난한 우리 들창을 비춰줄게다,
순아 우리 단둘이 살자.

깊은 산 바위 틈
둥지 속 산 비둘기처럼
나는 너를 믿고
너는 나를 의지하며
순아 우리 단둘이 살자.

꽃

김춘수(1922-2004)

내가 그의 이름을 불러 주기 전에는
그는 다만
하나의 몸짓에 지나지 않았다.

<u>내가 그의 이름을 불러 주었을 때,</u>
그는 나에게로 와서
꽃이 되었다.

내가 그의 이름을 불러준
것처럼 나의 이 빛깔과 향기에
알맞은 누가 나의 이름을
불러다오
그에게로 가서 나도 그의 꽃이 되고 싶다.

우리들은 모두 무엇이 되고 싶다.
너는 나에게
나는 너에게
잊혀 지지 않는 하나의 눈짓이 되고 싶다.

귀천

천상병(1930-1993)

나 하늘로 돌아가리라
새벽 빛 와 닿으면 스러지는
이슬 더불어 손에 손을 잡고

나 하늘로 돌아가리라
노을 빛 함께 단 둘이서
기슭에서 놀다가
구름 손짓하면은

나 하늘로 돌아가리라
아름다운 이 세상 소풍 끝내는 날,
가서, 아름다웠다고 말하리라

흔들리지 않고 피는 꽃이 어디있으랴

도종환(1955-)

흔들리지 않고 피는 꽃이 어디 있으랴
이 세상 그 어떤 아름다운 꽃들도
다 흔들리면서 피었나니
흔들리면서 줄기를 곧게 세웠나니

흔들리지 않고 가는 사랑이 어디 있으랴

젖지 않고 피는 꽃이 어디
있으랴 이 세상 그 어떤 빛나는
꽃들도 다 젖으며 피었나니
바람과 비에 젖으며
꽃잎을 따뜻하게 피웠나니

젖지 않고 가는 삶이 어디 있으랴

우리 살아가는 날 동안

용혜원(1952-)

우리 살아가는 날 동안
눈물이 핑 돌 정도로
감동스러운 일들이 많았으면 좋겠다.

우리 살아가는 날 동안
가슴이 뭉클할 정도로
감격스러운 일들이 많았으면 좋겠다.

우리 살아가는 날 동안
서로 얼싸 안고
기뻐할 일들이 많았으면 좋겠다.

너와 나 그리고 우리
모두에게 온 세상을 아름답게
할 일들이 많았으면 정말 좋겠다.

우리 살아가는 날 동안에...

풀꽃

나태주(1945-)

자세히 보아야 예쁘다
오래 보아야 사랑스럽다.
너도 그렇다.

별이 빛나지 않는가 의심할 지라도

셰익스피어(1564-1616)

Doubt thou the stars are fire;
Doubt that the sun doth move;
Doubt truth to be a liar;
But never doubt I love.
(별이 빛나지 않는가
의심하고
태양이 돌지 않는가
의심하고
진실이 허위가 아닌가 의심할 지라도
그대여 의심하지 마오 나의 사랑만은)
-햄릿 중에서-
(햄릿이 오필리아에게)

Splender in the grass(초원의 빛)

월리암 워즈워스(1770-1850)

Though nothing can bring back the hour
of splender in the grass,
of glory in the flower
We will grieve not, rather find
Strength in what remains behind.
(초원의 빛, 꽃의 영광이여,
비록 다시 돌려지지 않는다 할지라도
서러워 하지 말지어다.
차라리 그 속 깊이 숨어
있는 오묘한 힘을 찾으리.)

For whom the bell tolls(누구를 위하여 종은 울리나)

존 던(1572-1631)

Each man's death diminishes me,
For I am involved in mankind.
Therefore, send not to know For whom the bell tolls.
It tolls for thee.
(어느 누구의 죽음도 나를 감소시킨다.
왜냐하면 나는 인류에 포함되기 때문이다.
그러므로 누구를 위하여 종이 울리는 가를 묻지를 마라.
종은 그대를 위하여 운다)

지금

차알스 H. 스펄전

지금 하십시오
할 일이 생각나거든 지금 하십시오
오늘 하늘은 맑지만
내일은 구름이 보일런지 모릅니다.
어제는 이미 당신의 것이 아니니, 지금 하십시오

친절한 말 한마디가 생각나거든 지금 하십시오
내일은 당신의 것이 안 될지도 모릅니다.
사랑하는 사람은 언제나 곁에 있지 않습니다.
사랑의 말이 있다면 지금 하십시오

미소를 짓고 싶거든 지금 웃어주십시오
당신의 친구가 떠나기 전에
장미는 피고 가슴이 설레일 때
지금 당신의 미소를 주십시오

불러야 할 노래가 있다면 지금 부르십시오
당신의 해가 저물면 당신의 노래를 부르기엔 너무 늦습니다.
당신의 노래를 지금 부르십시오.
- 가슴 뛰는 삶 중에서 -

Do it now

Charles Haddon Spurgeon

Do it now.
If you hit on something to do, do it now.
Although you can see a clear sky today,
However, the cloud may be seen tomorrow.
As yesterday is not yours yet, so do it now.

If a compliment come across to your mind, say it now.
Because, Tomorrow may not be yours.
The dear person is not always with you.
When you have a word of love, say it now.

If you want to smile, smile now.
When a rose blooms and your heart throbs,
Give your smile before your friend go away.

If you have the song you want to sing, sing it now.
It might be too late to sing when it is dusky.
Sing your song now.

* **차알스 H. 스펄전(1834-1892)**

19세기 영국의 유명 목회자, 1857. 10. 7. 런던의 크리스털 궁(1936년 화재로 소실)에서 23세의 스펄전은 23,654명의 청중을 모아놓고 설교(마이크가 없던 시절), 빅토리아 여왕이 그의 설교를 듣기위해 변장을 하고 교회에 오기도 했다는 소문이 있음.

* **두 번은 없다**

-비스와바 쉼보르스카(1923-2012)-
폴란드 여류시인, 1996 년 노벨문학상 수상.

두 번은 없다. 지금도 그렇고
앞으로도 그럴 것이다. 그러므로 우리는 아무런 연습 없이 태어나서
아무런 훈련 없이 죽는다.

반복되는 하루는 단 한 번도 없다. 그러므로 아름답다.

35
간추린 건배사

우아미(우아하고, 아름다운 미래를),

위하여(위기는 없다. 하면 된다. 여러분과 함께라면)

마당발(마음속으로 당신의 발전을 위하여)

청바지(청춘은 바로 지금부터)

여기, 저기(여러분의 기쁨, 저의 기쁨)

모내기(모든 것 내려놓고 기도하자)

마무리(마음먹은 대로 무엇이든지 이룩하자)

오징어(오늘도 징하게 어울리자)

오바마(오직 바라는 대로, 마음먹은 대로)

너의 미소(너그럽게, 의리 있게, 미워하지 말고, 소중하게)

소녀시대(소중한 여러분 시방 대보자 잔을)

사이다(사랑 이 세상 다 바쳐)

변사또(변함없는 사랑으로 또 만납시다)

누나, 언니(누가 나의 편이냐, 언제나 니 편)

이기자(이런 기회를 자주 갖자)

이 멤버, 리 멤버(선창 이 멤버, 후창 리 멤버)

소화제(소통과 화합이 제일)

진통제(진실만이 통하는데 제일)

마취제(마시고 취하는 것이 제일)

(골프모임)

올 버디(올해는 버릴 것 다 버리고 디기 잘되자)

올 파파(올해도 파이팅, 파이팅)

올 보기(올해는 보람과 기쁨이 가득하기를)

(부부모임)

당신 멋져(당당하고 신나게 멋지게 져주자)

소(포)취하 당취평(소주(포도주))에 취하면 하루가 가고, 당신에게 취하면 평생이 간다.)

위하여(위대하고 하늘같은 여보를)

여보, 당신(如寶, 當身: 보물과 같은 사람, 당신)

(외국어)

카르페 디엠(현재가 제일 중요)

하쿠나 마타타(걱정하지 말라 다 잘 될 거다. 스와힐리어)

아브라카다브라(말한대로 이루어 지이다. 히브리어)

라피크(먼 길 함께할 동반자. 아랍어)

우분투(우리가 함께 있기에 내가 있다. 아 반투족)

색인

5불짜리 점심박스 138
Do it now 150
For whom the bell tolls 148
IBM의 토마스 왓슨 59
JAL 99
Splender in the grass 148

ㄱ

경주 최부자 104
걱정 57
고려의 금속활자 112
고령화 사회 105
고려청자 40
고르디우스의 매듭 9
공산주의 유머 67
괴테 76
꽃 143
교향곡 83
구글 131
구스타프 말러 82
구스타프 클림트 96
국가별 1인당 GDP 101
국가별 GDP 102
귀천 144

그 사람을 가졌는가 136
기업의 평균 존속기간 131
기업의 CEO 131

ㄴ

나비천사 117
남북아메리카 99
너에게 묻는다 - 안도현 111
누워 있는 나부 95
뉴욕 증시 폭락 124

ㄷ

다대오 24
달 착륙과 뉴욕 타임즈의 사과 100
대학 졸업자비율 133
도마 24
도스토옙스키 79
된장잠자리의 장거리 이동 134
두 번은 없다 151

ㄹ

라이트 형제와 보잉의 차이점 124
랄프 로렌 132
로레알 125
록펠러 어머니의 가르침 55

ㅁ

마사다의 최후 111
마쓰시타 고노스케 63
명대사 130
명언 79, 48
모세의 출애굽 19
몽골 30
몽골군의 막강 이유 30
몽골 멸망의 원인 31
몽골의 고려침략 111
몽골제국의 멸망 31
무굴제국 32
무도회의 수첩 97
문화를 꽃 피운 나폴레옹 42
미국의 생산력 58
미켈란젤로 86

ㅂ

바스코 다 가마 35
바울로 25
바이킹 족 35
발간반도 50

백경 89
버지니아 울프 80
버트란트 러셀의 '행복론' 117
베드로 23
베를린 장벽 70
베토벤 80
베트남전쟁 71
벤저민 버튼의 시간은 거꾸로 간다 129
별이 빛나지 않는가 의심할 지라도 147
병조림, 통조림 43
보응우옌잡 장군 103
부자 104
빌 게이츠 128
빌립 24

ㅅ

시미친 15
사랑 142
사랑은 배려 136
사카모토 료마 121
상대성 이론 88
서양속담 107
성공과 실패 88
성서 20
세계 경제 72
세계의 농작물 99
세계 행복지수 순위 102
세계 화폐 총량 20
세계의 지명 70

세렌디피티 86
셰익스피어의 인생교훈 75
소나타 형식 83
소크라테스 21
속담 39
송미령 126
순례인구 71
스마트 폰 101
스웨덴의 국민기업 101
시부사와 에이치 62
신바람 138
실리콘벨리 125

ㅇ

아담 스미스 105
아마데오 모딜리아니 95
아메리카 34
아메리카 인디언 수 37
아방궁부 15
아우스터리츠 전투와 개선문 42
아즈텍제국 35
안드레 24
암보(악보 외우기)의 원리 84
알람브라 궁전 46
앙드레 지드 70
앙코르 84
야고보 23
에리히 프롬 59
여성 앵커 바바라 월터스 133
연상의 여인과 결혼한 유명인 76

연작이 어찌 홍곡의 뜻을 알랴 15
영국, 무적함대 격파 38
예수의 열두제자 22
예후드 은전 20
오노다 히로 118
오라토리오 81
'오셀로' 공연 75
올림픽과 마라톤 15
요셉의 운명 18
요한 23
우리 살아가는 날 동안 146
우에스기 요잔 119
외로움이 수명 단축 87
워렌 버핏 130
위대한 개츠비 128
윌리엄 깁슨 86
윌리엄 셰익스피어 73
유대인의 추방 48
음악 용어 83
이나모리 가즈오 63
이슬람 복장 71
인척지간이 함께 하는 회사 132
이슬람제국 27
일 안 하는 개미 134
일본 근대화 주역들의 사상 64
일본 성공의 비결 64
일본기업 침체원인 64
일본 기업 99
잉카제국 36
임께서 부르시면 141

ㅈ

자기 40
작곡과 작품 수 84
정화선단 33
제지기술 이슬람으로 39
존 아치볼트 55
존 헨리 페터슨 59
중국 국보 1호 53
주옹반낭 -옛 지식인의 양심- 139
중국 공산당원 67
중국의 대기업 71
중국의 발전 39
중요 상식 99
증기선 대서양 횡단 53
지금 149
지멘스 58
직지심체요절 112
진나라의 흥망 14

ㅊ

차알스 H. 스펄전 151
찬사 박수 90
천재라고 부르지만… 84
청춘 89
총, 균, 쇠 37
최무선의 화포 112
최선을 다해 137

ㅋ

카네기의 평생 소장 그림 57
칸타타 81
코페르니쿠스의 지동설 37
클라렌스 대로우 58
키루스 교육기 16

ㅌ

타지마할 32
토마스 에디슨 85
토막 상식 72
톨스토이 77
톨스토이의 10훈 78
톨스토이의 세 가지 질문 79
투르크함대 격파 38
트랜지스터 98

ㅍ

파비우스의 승리 14
팍스 아메리카 103
팔만대장경 112
페니키아의 항해 35
페르소나 87
페어차일드와 인텔 125
푸르른 날 140
풀꽃 147
피로스의 승리 13
피터 드러커 127

ㅎ

하와이 인구 37
행복은 정신적 가치에서 137
헬레니즘시대 9
헬무트 폰 몰트케 50
현대 최고의 공로자 72
황금비율 92
화폐의 역사 20
후장포와 후장총 50
후쿠자와 유키지 62
흔들리지 않고 피는 꽃이 어디있으랴 145